上海科技传播大会论文集（2025）

主　编　陈海鹏
副主编　张聪慧　游文娟

上海

内容简介

本书是2025年上海科技传播大会论文集，所选论文主要围绕推动科技传播发展转型的策略和建议、促进科普人才队伍发展和壮大、有效推进科技资源科普化、新兴技术赋能科技传播的模式探索、推动科技传播走向国际等议题展开，呈现了科技传播领域的新观点、新实践和新研究，对相关领域的研究者、管理者、创作者而言具有重要指导意义，同时也能为科学普及和科技传播事业的发展提供参考。

图书在版编目(CIP)数据

上海科技传播大会论文集. 2025/陈海鹏主编；张聪慧，游文娟副主编. --上海：同济大学出版社，2025.4. -- ISBN 978-7-5765-1619-7

Ⅰ. G206.2-53

中国国家版本馆CIP数据核字第2025BZ8753号

上海科技传播大会论文集(2025)

主　　编　　陈海鹏
副主编　　张聪慧　游文娟
责任编辑　　杨　艳　　责任校对　徐逢乔　　封面设计　渲彩轩

出版发行	同济大学出版社　www.tongjipress.com.cn (地址：上海市四平路1239号　邮编：200092　电话：021-65985622)
经　销	全国各地新华书店
排　版	南京文脉图文设计制作有限公司
印　刷	苏州市古得堡数码印刷有限公司
开　本	710mm×1000mm　1/16
印　张	11
字　数	192 000
版　次	2025年4月第1版
印　次	2025年4月第1次印刷
书　号	ISBN 978-7-5765-1619-7
定　价	59.00元

本书若有印装质量问题，请向本社发行部调换　　版权所有　侵权必究

《上海科技传播大会论文集(2025)》编委会

顾　　　问：(按姓氏笔画)
　　　　　　任福君　李　晔　李正风　周荣庭　徐　剑
主　　　编：陈海鹏
副　主　编：张聪慧　游文娟
评审委员会：(按姓氏笔画)
　　　　　　王国燕　朱　晶　刘　萱　牟　怡　李　辉
　　　　　　宋　娴　张大伟　贾鹤鹏　谢小军
编　　　委：漆雪娇　梁　偲　王乔琦　陈秋萍　田春芝

前　言

当今世界正经历百年未有之大变局，人工智能、量子科技、生命健康等领域加速发展，深刻重塑着人类社会的认知图景和创新格局。在科技创新已成为世界各国抢占未来发展制高点之关键的今天，科技传播作为连接科研共同体与社会公众的桥梁，更是承担着弥合知识鸿沟、促进科技成果转化的重要使命。尤其是在信息爆炸与知识碎片化的时代背景下，系统性、前瞻性的科技传播研究不仅关乎公众科学素质的提升，更是科技创新行稳致远的基础保障。

作为改革开放排头兵、创新发展先行者，上海在建设国际科创中心的过程中，始终坚持把科学技术普及放在与科技创新同等重要的位置。在近年来的科技传播工作中，上海坚持以国际化的视野，系统性地提升自身的科技传播能力：通过培育更高水平的人才队伍，创制更丰富更受欢迎的科普产品作品；通过更丰富更受欢迎的科普产品作品，带动更有活力的科普产业；通过更有活力的科普产业，吸引更大规模的人才加入科普队伍。通过打通人才、产品作品和产业之间的链条，上海正以提升科技传播能力为核心，打造更加繁荣的科技传播生态。

新时代科技传播的高质量发展，需要一支会研究、懂传播、善实践的复合型人才队伍。为此，上海着力构建多层次的人才培养体系：在基础教育阶段，依托青少年科学创新实践工作站，推动高等教育携手基础教育探索青少年科创教育联合培养模式；在高等教育阶段，积极布局相关学科建设，上海交通大学的科技传播专业已开始招生，复旦大学等高校也在积极探索开设覆盖全学段的科技传播通识课程和微专业；在职业发展阶段，开设了专门的科技传播中高级职称评审通道，并面向市场，打破常规评审要求，以"认定"方式挖掘一批市场端科普引领者，吸引更多市场主体投身科普工作。

除此之外，上海市科学技术委员会策划推出了促进科技传播界思想碰撞的平台——上海科技传播大会。自2022年开始，大会已连续举办三届，第四届也将如期而至，其在积淀思想智慧、促进科技传播能力提升、壮大科技传播研究队伍等方面的品牌作用逐渐显现。《上海科技传播大会论文集

(2025)》（下文简称《论文集》）在此背景下应运而生，《论文集》的内容涉及科技传播的效能研究、前沿科普的实践探索、典型案例的模式分析、行业专家的传播智见等多个方面，旨在推动科技传播工作从现象阐释向规律探索的迭代升级。

2023 年 4 月，上海成功获得 2027 年第 19 届世界科技传播大会主办权，筹备工作也已启动。我们将以此为契机，推动更大范围、更高水平、更加紧密的科技传播互动，共同擘画全球科技传播事业发展，为全球科技传播交流与合作贡献东方智慧。我们期待以《论文集》为载体，共同见证科技传播发展新篇章。

上海科技传播大会工作组
上海科技节组委会
2025 年 3 月

目 录

上篇　研究论文

003　超越新旧媒介框架的知识传播：媒介理论视域下短视频赋能科技传播的新实践　　　　　　　　　　　　　　薛　晖　黄勇军

011　"众创"背景下利用多元化信息媒介提升科技传播效能的研究　杨　科

024　健康科普短视频的创作逻辑和关键构成要素
　　　　——基于清晰集定性比较分析　　　　　　　　　　　彭丽霞

038　科技创新与科学普及融合的路径与探索
　　　　——关于上海科技创新资源科普化的思考
　　　　　　　　　　　　　　　　　梁　偲　游文娟　樊春海

049　国际比较视野下我国科普人才队伍建设的问题与策略研究　陈永洁

056　基于人工智能的个性化科技传播模式研究　　　　　　　　任咪咪

065　科研院所"双科"平台的融合创新模式探索
　　　　——国家化合物样品库案例研究　　　　　　　　　　张　慧

072　科学博物馆慕课的建设
　　　　——以上海天文馆为例　　　　　　　　　　刘程程　施　韡

080　数字经济下科普场馆高质量发展路径探析
　　　　——以上海航空科普馆为例　　　　　　　　黄　沛　封　璟

089　新时代消防科普教育原则的创新探索与实践应用　　　　　吴佩英

103　高校科技资源科普化效能评估框架
　　　　　　　王　慧　凌　翔　孙铭婉　杨海燕　丁文江

114　医务工作者面向公众如何更好地开展健康科普？　　　　　徐　峰

下篇　传播智见

123	从科普法修订看"新质科普力"	吴家睿
125	中国道路之科普力量	郑　念
129	人工智能时代，发挥高等教育推动科普事业高质量发展的龙头作用	李　晔
133	科学传播的新时代挑战：交叉学科	朱　晶　姜雪峰
135	加强理论研究，筑牢科普实践根基	王大鹏
138	打通科普与科技创新协同发展的堵点	谢小军　齐培潇
140	科普要有"谱"	季良纲
142	多措并举，助力科学家做好科普工作	王大鹏
145	关注"三个转变"，做好新科普	王大鹏
147	解构科普与科技成果转化关系，树立大科普发展理念	吴寿仁
150	让高质量研学成为科学教育变革的助推器	宋　娴
152	科学素养问题的探讨	季晓烨
160	从艾伦·欧文视角看公众科学国际发展历程	游文娟

上篇

研究论文

超越新旧媒介框架的知识传播：
媒介理论视域下短视频赋能科技传播的新实践

◎ 薛　晖　黄勇军[1]

> **摘　要**　知识传播与媒介技术关系密切，传播方式随媒介迭代而变革。短视频与科普相结合的视频化阅读模式正逐渐渗入大众日常生活，并建构起全新阅读场景。首先，以视听影像为表象实现了技术、文本与场景的三重勾连，为科普类短视频阅读实践提供了空间基础，并对受众的阅读习惯产生了规训。其次，消费景观通过情感和文化符号的赋魅使受众化身知识经济的产消者。最后，科技短视频飞速发展的进程中存在碎片阅读、知识茧房、媒介成瘾之隐忧。媒介补偿性视域下，从需求补偿、技术补偿两方面入手，对其进行批判性解读，可以探索科普短视频的未来发展路径及视听媒介在助推全民科学素质朝普适性、常态化方向建设过程中所发挥的积极作用。
>
> **关键词**　科学传播；科普短视频；媒介间性；补偿性媒介

2021年国务院印发的《全民科学素质行动规划纲要（2021—2035年）》将"深化科普供给侧改革，提高供给效能"作为重点工程，预示我国科学传播事业在新的发展阶段，将致力于构建高质量的科普服务体系，以满足公众日益增长的科普需求[1]。伴随互联网技术的发展，视听媒介实现迭代升级，科学传播情境发生显著变化，特别是在科普领域，短视频平台为科普自媒体的发展提供了温床，科技短视频成为科技知识流通的核心载体与国际创新发展的重要驱动力。

1　作者简介：薛晖，重庆师范大学新闻与传媒学院硕士研究生，主要研究方向为科技传播、视听传播。E-mail：1301573506@qq.com。
黄勇军，重庆师范大学新闻与传媒学院教授，主要研究方向为视听传播、影视美学。E-mail：463385102@qq.com。

1 迭代：从"读文"到"视听"的转向

《英汉大词典》中对 intermediality 的前缀 "inter-" 作出解释："相互""在……中间""在……之间""在……内"。因此，intermediality 译作中文，存在"互媒体性"与"媒介间性"的双重含义。"媒介间性"这一概念主要着眼于现代社会和文化不断变化的情境之下，媒介形式的持续性以及媒介的结合与再结合[2]，涵盖了不同媒介间的所有关系[3]。现代化数字媒介与传统媒介间互补、吸收、更新和融合的现象，表征着媒介之间所发生的从内容讯息到技术形式的转换、交互及演变，而社会和文化的发展将受到不同媒介交叉演变的有力推动[4]。新媒介的出现是对前媒介的更新与补偿。视频科普突破了传统阅读的时空局限，带来了新的阅读业态、新的平台服务及习惯，加之读者对数字阅读设备或软件使用娴熟，轻松便可实现从"读纸质书"到"盯电子屏"的跨越，其中隐喻着媒介间性的调节作用。智媒时代，读者作为用户，更加追求阅读场景与阅读互动的多重体验，媒介改变了读者的阅读习惯，同时弥合了不同媒介之间的间隙，阅读的每一次迭代升级，本质上是媒介赋权下供给侧结构性改革的不断深化[5]。知识传播与媒介技术关系密切，传播方式随媒介迭代而变革。

短视频与科普相结合的视频化阅读模式正逐渐渗入大众日常生活，并建构起全新阅读场景。相较于传统的知识传播路径，短视频平台形成的知识传播生态具有高效连接的能力。知识网络在规模扩张的同时，支撑创作者、用户和平台三方共同高效运作以实现高质量发展。以短视频平台抖音为例，已有上百个科技机构、上百所双一流高校、上百位知名学者入驻，抖音在一定程度上成为高质量知识的传播源头。"《关雎》是讲普通人的爱情吗？""李白的钱从哪里来？""贾府里谁的工资最高？"中国人民大学文学院副教授蔡丹君（抖音号@蔡丹君老师）从网友的提问中挖掘视频创作的灵感和主题，将自己的抖音主页打造成了一个古典文学沙龙。"一代有一代之学术，教学也是如此，教学的方法和形式也需要与时俱进，"蔡丹君老师提到，"我们能给予下一代的，不能是考点式的知识罗列，因为这部分 AI 会比人类做得更好，我们要传递的是温度，是知识带给人的精神滋养。"

2 补偿：视听影像空间赋能科技传播新特质

2019 年 1 月，清华大学新闻与传播学院、中国科学报社与字节跳动联合发布《知识的普惠——短视频与知识传播研究报告》，其中提到知识类短视频受到用户的欢迎，在具体构成类型中，科普类短视频则是最受欢迎的[6]。在科普内容丰富及公众参与意识提升的背景下，作为科普知识传播的重要模态，视频以其生动直观、创意丰富的特性，成为连接科学与公众的有效桥梁。众多内容平台（如抖音、快手、微博、知乎、哔哩哔哩、微信视频号等）纷纷涌现出大量科普视频资源，各自以独特的形式吸引受众观看，促进了科普短视频的普适性传播。

2.1 重塑阅读：知识"边界"的延展

在互联网时代知识传播模式得以延续的基础之上，科普短视频进一步拓宽了知识传播的疆域，促使阅读材料由单一形态向复合形态转变升级。传统阅读模式聚焦于单本图书的线性阅读路径，相比之下，科普类短视频在素材选取上突破了单一书籍的框架，将知识载体延伸至影视片段、网络文献等多元领域，并添加背景音乐、视觉图像、动态字幕等元素，丰富了知识内容的展演模式。此外，科普类视频在叙事结构、互动传播方面更好地平衡了视频的知识性和趣味性，在兼顾内容的知识性的同时，以平直的语言去解读晦涩的文本，缩短了传受双方的距离，提高了受众对知识的分享意愿，从而拓宽了知识的"边界"。

2.2 身份流动：知识"生产者"的解构与重构

短视频平台在赋予知识更广阔的传播范围的同时，也赋予科学家更大的自主性。其中"新角色"——公民科学家登上传播"舞台"，为互联网情境下以视听媒介呈现为主的科学传播注入了新活力，使得公众参与科学传播的情境更加多元化。传统的高度集中的知识生产架构中，权威与精英阶层占据知识生产流程的核心位置。而短视频参与知识传播的实践，使得原本泾渭分明的精英与大众间的知识生产界限逐渐变得模糊，知识生产者的身份超越了精英权威与大众草根的分野，展现出更大的流动性。专业精英下沉到专业知识的普惠性生产过程中，而原本处于边缘的草根群体凭借自身的经验累积、生活智慧或独到视角，崛起成为新兴的意见领袖。

2.3 趣缘部落："知识+直播"互动中的知识衍生与融合

媒介立体时代，"知识直播"通过浸润式的传递绘制出"知识普惠"新图景，助推了线上知识互动社群的形成，为共创体验、拓展知识传播开辟出新路径。具体来看，知识类直播通过实时评论和连线问答等功能，实现了学习者与教育者之间的即时互动。相较于传统的知识传播模式，知识直播将与受众的互动深嵌于"直播间"这一网络社群中，有效增强了学习的参与感和学习深度，使知识的接受者在直播过程中通过提问、回应共享想法，同时知识的传播者也能够更快地获取学习者的反馈，并根据反馈调整教学内容和方法。这一模式催生出的传播方式作为知识拓展的重要线索，弥合了知识鸿沟，提升了受众的知识水平与认知能力，并刺激产生出愈来愈多的继续学习与双向传播组合。事实上，在"直播+短视频"的科技传播实践中，传受双方均兼具信息接收者与内容创作者的双重身份，双方的行为共同促成了信息的流通与互动，这种身份流动与知识生产的重构，不仅丰富了知识生产的内涵与外延，也为构建更为开放、多元、兼容的知识社会奠定了坚实根基[7]。

3 隐忧：科普短视频的现实困境

视频阅读在补足前媒介的同时，也存在隐忧。身处"读文"向"视听"转向的时代，科普短视频给受众带来一种无负担的、深度沉浸的心流体验；同时，伴随着商品化、碎片化、知识茧房化等问题，将侵蚀受众的深度思考和长期记忆。

3.1 逐利轻质：视频内容的同质化与碎片化

"商品本身不是商品，而是消费社会所代表的符号力量，人也变成了可被操纵的对象。"[8] 知识经济的兴起吸引了大批创作者进入科普短视频创作领域，加剧了内容生产的同质化趋势。类似的传播路径、雷同的内容叙述产出了近乎程式化的传播内容，这种趋势易使用户感到"社交倦怠"。

从网络媒介开始，读者的身份从求知者向体验者转变。求知者指致力于探索知识与真理的个体，以满足内在的好奇心和探索欲为根本目标；体验者则专注于寻求感官刺激和情感体验，以享受新奇刺激或愉悦情感为根本目标。网络媒介时期，媒介技术不断发展，赋予体验者更便利的条件——可通过轻松愉快的阅读内容和方式轻易获取即时的满足感。在此阶段，读者的阅读行为从"看"转向为"刷"，"刷"这一行为将用户抽离现实时空，使其仅以"眼动"与"指动"的行为沉溺于即时的快感之中[9]。习惯于短视频碎片化传播模式的用户易将自身缚于信息茧房，在一定程度上折损专注力与思考力，而仅仅习惯于接受表面的、片面的信息，不愿再花费时间与精力挖掘更深层次的内容，他们被削弱的认知能力会使其逐渐难以应对复杂的信息环境，带来思想领地"杂草丛生"的隐忧。此外，在追求单边利益和效率的社会关系中，劳动者将在自我物化，进而被劳动产品奴役的过程中，走向异化[10]。换而言之，阅读平台利用读者的"情感价值"实现知识的"价值"和"使用价值"的变现，"转""赞""评"数量将被赋予暗藏着利益与流量的评价指标含义，在此背景下，创作者在数字资本逻辑中或将沦为数字劳工。受众商品论以二级传播理论为依托，揭示当前受众被"物化"的全过程，媒介生产中的"实质商品"是稀缺的受众的注意力[11]。视频化的知识传播在一定程度上将知识转化成为某种商品形态，与此同时，用户的注意力资源也被网络平台转换为带有商品属性的元素。在商品化的实践语境下，科普视频的创作生态将开始倾向以经济利益为标尺来丈量作者的学识，以流量数据为准则来评判作品质量[12]。

3.2 志趣相投：趣缘圈落排他强化"知识茧房"

基于共同学习的愿景与无尽的求知欲望，网络大众聚合为趣缘部落，达成对知识的解构与再构，并促成了知识的共享与传递。就科普短视频的内容特质而言，其天然带有的"#话题标签"属性易于催生内容的聚合效应，进而增强内容的可见性与传播力。在此传播框架之下，高效的知识传递机制能够迅速响应社群成员多元化的知识需求，并推动知识成果与外界环境的互动与转化。然而社交媒体技术也为趣缘部落赋予了排他特征：借助大数据技术，个体用户的偏好可以被精确捕捉与分析；算法模型则能进一步预测出用户的行为倾向；AI技术则依据这些分析结果来精准匹配知识传递的情境与内容。这一机制极易引发"信息茧房"现象，导致知识的传播范围被局限于社群内部，难以向外拓展；知识传播的内容也趋于单一化，即知识的传递不仅局限于特定的圈群范畴，而且受限于成员的认知层次与视野范围，致使所传递的知识内容变得狭隘且可能丧失其实用价值。

3.3 偷梁换柱：原创版权屡受侵犯

知识的价值唯有在人际流动与共享时方能得以充分展现。平台架构的优化与技术进步进一步促进了人类与同伴间的互动与分享。然而，在资本对"知识共享"理念的异化，以及我国知识产权法律体系在短视频及直播领域尚未深入渗透的大背景之下，侵权问题频发，平台上将未经原作者授权的内容进行转载与翻拍的现象屡见不鲜。相较于传统知识传播渠道，短视频领域的维权之路更为崎岖。一方面，关于"再创作"行为的侵权界定存在模糊性，即便作品中融入了原始素材，只要附加了全新文案或配音解说，极有可能被视作具有独创性。这种界定状况使得不法分子能够利用"洗稿""混剪"盗取原创内容并规避责任追究。另一方面，平台的内容过滤及审核标准参差不齐，且维权成本高昂，花费时间较多，最终致使低质量的内容与打着"二次创作"幌子的知识传播行为形成闭环。

4 优化：科普短视频的改进路径

人的理性和主观能动性在媒介演进历程中扮演着至关重要的角色，人可以凭借自身理性解决媒介技术发展中媒介本身所固有的问题以实现技术的"完美进化"。媒介需要适应人类选择而存在，当某种媒介技术对人类来说失去原有价值并产生了阻碍，其存在的合理性便不复存在了，媒介的进化过程遵循着一种"趋向人性化"的规律，唯有那些能够实现人类感官平衡需求的媒介形态，方能在媒介生态系统中获取一席之地[13]。

4.1 需求补偿：践行工匠精神，打造高质量内容

当下受众对知识的追求展现出一种专业化、个性化及定制化相互交织的复杂态势，通过多元化渠道打造的高质量视频科普是增强受众黏性的基础。政府部门应当致力于构建可持续发展的知识传播市场环境，不断加强市场监管的力度，通过平台拓展用户需求池，为延长服务价值链提供有力支持。视频平台一方面需继续深耕技术，创作出多模态的"知识直播+短视频"，助推知识与传播的有效结合；另一方面要筛选出兼具内容和口碑的创作者，并为其提供更为全面的创作支持与流量倾斜，在此基础上培育出一支高质量的内容创作团队，进而实现优质内容的产出。具体而言，可在利用好UGC（用户生成内容）与PGC（专业生成内容）模式的基础上，引入MCN（多频道网络）模式作为有益补充。MCN模式是在资本力量的推动下，知识创作者协同进行内容创作与分发的新型模式，目的在于保障知识产出的专业性与稳定性。伴随MCN的融入，短视频领域中的知识内容创作与传播将逐步构建起成熟稳固的产业链条，助推创作者与平台之间的深度互利。此外，创作者也应深入挖掘中华优秀传统文化的精髓，将优秀传统文化融入知识传播过程中，"讲好中国故事"，以增强受众的文化自觉与文化自信，进而增强平台与用户的深度情感链接。

4.2 技术补偿：以"科技向善"消解"圈群围墙"

在知识的流动与传播过程中，人类的主观能动性发挥着至关重要的作用。首先，国家应制定算法运作规范与标准，以清晰界定并划分平台的职责范围。其次，平台应采取技术手段降低算法推荐的主导地位，主推"隐私保护"及"去个性化"辅助功能，从而增强对个人数据的保护。再次，平台应建立良好的投诉反馈机制，并运用"长尾效应"，为优质的"小众知识"引流[14]。此外，创作者的媒介素养需要进行培训提升。具体来说，可通过与平台或他人的深入协作，积极接纳并推广多元化的观点与视角；同时，可组织线下交流活动，增强成员间的互动性与参与感，从而回归知识共享的初衷与本质。最后，受众需充分发挥自身的主体意识，实现从被动接收向主动探索的转变，依据个人的认知现状与需求，有选择性地吸收与整合有效知识，以此弥补自身的认知短板，避免在复杂的信息时代成为"孤岛"。

4.3 完善立法：加强维护科普短视频的著作权

"工具理性是通过精确计算而有效实现目标的理性，是一种以工具崇拜和技术主义为生存目标的价值观。价值理性强调某一行为的无条件价值，用动机的纯洁性和选择正确的手段达到意欲达到的目的。"[15]

科普短视频盛行的当下，知识悄然成为一种广泛可共享的公共资源，伴随着知识传播的发展，国家已关注到短视频平台在知识传播版权方面的不足之处并进行干预。《中华人民共和国著作权法》虽未直接界定短视频的具体类别，却已广泛地将多种视听形态涵盖于"视听作品"的定义之中。为进一步保障数字化阅读视听作品的原创者权益，可采用区块链技术确保版权交易过程的透明度，并借助视觉AI技术强化对创作过程的监控，通过缩短处理时间、优化版权维权流程等措施更好地厘清原创、模仿、抄袭及二次创作之间界限的同时，保障原创者的合法权益与维权效率。此外，多部门共同协作，强化对版权的保护力度、完善长效监管机制势在必行。最后，受众对知识付费的积极态度与对抄袭作品的排斥行为，在推动原创科普短视频的进一步繁荣发展及规范市场伦理秩序中也将发挥巨大作用。

5 结语

科普短视频在媒介的更新迭代中繁荣发展，其需求也伴随媒介迭代而不断提高。媒介变迁至今，视频化知识传播应运而生，读者多样的阅读需求在不同程度上得到极大满足。诚然，新事物发展的道路并不是一帆风顺的，伴随技术迭代升级与不断完善，补偿性媒介在其中不断发挥着补充与修正作用，"噪声"终将被有效规避，视频化的知识传播将更趋于智能化和人性化，并迈向新的发展阶段。

参考文献

[1] 国务院.全民科学素质行动规划纲要（2021—2035年）[EB/OL].(2021-06-25)[2024-12-01].https://www.gov.cn/zhengce/content/2021-06/25/content_5620813.htm.

[2] HERKMAN J. Intermediality and media change[M]. Tampere：Tampere University Press，2000.

[3] WOLF W. The relevance of mediality and intermediality to academic studies of English literature[J]. Swiss papers in English language and literature，2008(21)：15-43.

[4] 王振铎.编辑缔构媒介 媒介传播文化[C]//中国编辑学会.第十四届国际出版学术会议论文集.北京：中央编译出版社，2010.

[5] 葛卉,孔敏.发展、隐忧与想象：补偿性媒介视域下数字阅读产业研究[J].西部广播电视,2024,45(13):49-52.

[6] 清华大学新闻与传播学院,中国科学报社,字节跳动.《短视频与知识传播研究报告》发布[EB/OL].(2019-01-14)[2024-12-01].https://www.thepaper.cn/newsDetail_forward_2853132.

[7] 赖海娟.B站读书类视频对高校图书馆阅读推广的经验借鉴与启示[J].图书馆研究,2024,54(05):13-21.

[8] 鲍德里亚.消费社会[M].刘成富,全志钢,译.南京：南京大学出版社,2000.

[9] 迪克.连接：社交媒体批评史[M].晏青,陈光凤,译.北京：中国人民大学出版社,2021.

[10] 马克思,恩格斯.马克思恩格斯全集：第42卷[M].中共中央马克思恩格斯列宁斯大林著作编译局,译.北京：人民出版社,1956.

[11] SMYTHE D. Communications：Blindspot of Western Marxism[J]. Canadian Journalof Political and Society Theory，1977(03)：1-28.

[12] 万馨.从"知识"到"商品"：数字化时代"阅读"形态演变[J].北京印刷学院学报,2024,32(09):15-18.

[13] 常江,胡颖.保罗·莱文森：媒介进化引导着文明的进步——媒介生态学的隐喻和想象[J].新闻界,2019(02):4-9.

[14] 扶瑶,孟育耀.短视频"知识传播"样态与路径优化探析[J].传媒,2023(02):78-80.

[15] 曹逸楠,柳佳明.智媒时代的信息分发：从工具理性到价值理性[J].科技传播,2022,14(19):135-137.

"众创"背景下利用多元化信息媒介提升科技传播效能的研究

◎ 杨 科[1]

> **摘 要** 科技传播是与科技紧密相连的信息流动和交换活动,它是科技知识超越时空限制,在不同个体间传播的过程。随着现代科技的进步,科技领域的研究和传播活动变得更加频繁。我们关注的焦点不仅在于科学技术的创新和发明,还包括如何将科技成果融入人们的日常生活和推动国家产业的发展。科技信息的传播可以通过多种途径实现,包括专业对话、知识普及、专业教育、技术推广等,还可以通过科技文献的撰写、出版和翻译等手段来实现科技知识的广泛传播。众创背景下,多元化信息媒介为科学技术的传播带来机遇与挑战。其优势有传播途径多元、互动性强等,但也存在信息泛滥、素养不齐、可信度低等劣势。如何利用多元化信息媒介提升科技传播效能是亟待解决的问题。本研究旨在探讨如何利用多元化信息媒介提升科技传播效能,以满足公众日益增长的科学知识需求。
>
> **关键词** 科技传播;多元化信息媒介;众创

1 引言

1.1 选题背景

习近平总书记曾强调:"科技创新、科学普及是实现创新发展的两翼,要把科学普及放在与科技创新同等重要的位置。没有全民科学素质普遍提

---

[1] 作者简介:杨科,河北省科学技术馆宣传文化部文博馆员,主要研究方向为科技传播、科普宣传。E-mail: 374611472@qq.com。

高,就难以建立起宏大的高素质创新大军,难以实现科技成果快速转化。"[1]我国政府高度重视科技创新与科学普及,认为二者同等重要,并致力于加强科技传播工作。科技传播不仅关乎科技成果的普及,更是提升全民科技素质、培养高素质创新人才的关键。科技的发展对于国家未来的进步和公民素质的提升具有至关重要的作用。

1.2 研究意义

在众创时代,众创与多元化信息紧密相关,相互促进。众创鼓励全社会参与创新,不同背景的参与者带来多元的知识、经验和视角,使创新过程中产生的信息丰富多样,涵盖学术成果、市场反馈等,传播渠道也日益多元。同时,众创依赖创新主体间的沟通协作,促使信息传播途径不断拓展,新兴媒介成为重要传播渠道,如开源社区助力开发者交流,产生海量多元信息。

反过来,多元化信息助力众创。前沿科技、市场趋势等信息,帮助众创者把握方向,激发其创新思维,像智能家居领域就是多领域信息融合催生创新成果。此外,多元化信息传播还能汇聚资金、技术、人才等资源,保障众创持续发展。总之,众创与多元化信息相互依存,共同推动创新生态发展,对提升科技传播效能、促进科技创新和社会发展意义重大。

本文通过对多元化信息媒介环境中科技传播的优势、劣势、机遇和挑战进行分析,提出相应的改善策略,有助于丰富科技传播理论,为科技传播研究提供新的视角和方法。研究众创背景下如何利用多元化信息媒介提升科技传播效能有助于深入了解科技传播的新特点和新规律,为科技传播理论的发展作出贡献。

2 多元化信息媒介环境中科技传播的 SWOT 分析

2.1 多元化信息媒介环境中科技传播的优势

2.1.1 传播途径和方式多元化

随着信息技术的迅猛发展,科技传播的途径和方式日益多样。2024年8月29日,中国互联网络信息中心(CNNIC)发布了第54次《中国互联网络发展状况统计报告》。该报告显示,截至2024年6月,中国网民规模近11亿人(10.996 7亿人),较2023年12月增长742万人,互联网普及率达78%(图1)[2]。在这庞大的网民群体中,通过网络获取科技信息的人数占比逐年攀升,其中科技网站的月均访问量高达数亿人次,且呈稳步增长态势。

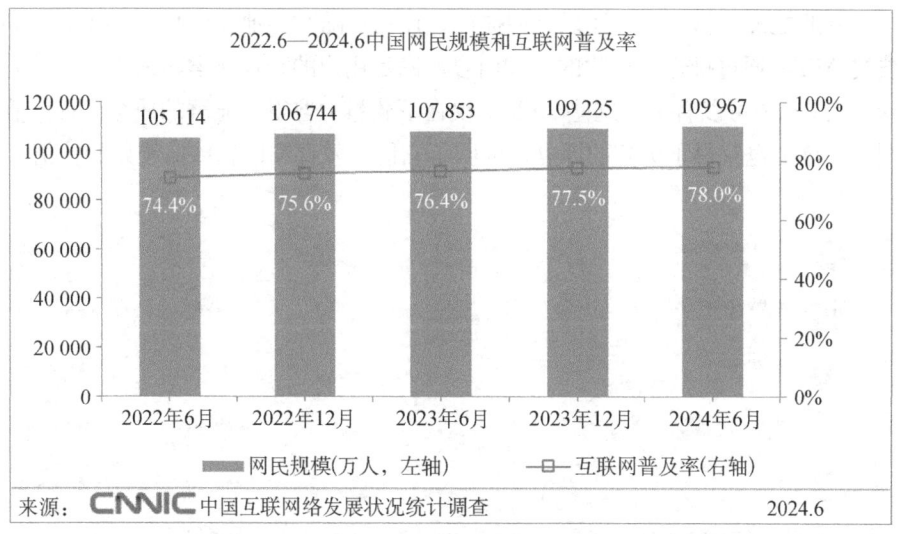

图 1　2022 年 6 月至 2024 年 6 月中国网民规模和互联网普及率

社交媒体平台（如微信、哔哩哔哩、微博、抖音等）拥有庞大的用户群体，科技信息在这些平台上能够迅速传播，引发广泛的讨论和关注。以哔哩哔哩为例，这些科技类 UP 主（上传视频的人）拥有大量的粉丝，如 2024 年手工耿有 802.9 万粉丝，黑马程序员有 396.1 万粉丝等（图 2）。每一条视频的新增播放量、新增点赞数和新增评论数都反映了用户的参与度，表明科技信息在社交媒体平台上能够引发广泛的讨论和关注，并且通过用户的互动进一步扩大传播范围，进而让更多人了解到科技相关的知识和动态。

UP主分类：全部 美妆 美食 动物 汽车 时尚 生活 运动 游戏 数码 娱乐 音乐 影视 舞蹈 鬼畜 知识 资讯 收起
动画 番剧 科技 国创 放映厅

排行	up主信息	分类	飞瓜指数	粉丝数	新增播放	新增点赞	新增评论	操作
1	手工耿 2023百大UP主、知名搞笑UP主	科技-极客DIY	1635.1	802.9w	54.8w	0	26	分析
2	黑马程序员 传智教育旗下官方账号	科技-计算机技术	1511.6	396.1w	16.7w	2189	87	分析
3	苏星河牛通 ♂ bilibili 2021百大UP主、2020新人奖UP主、知名科技UP主	科技-软件应用	1508.3	292.6w	16.5w	3216	0	分析
4	马鹿blyat ♂ bilibili 知名科技UP主	科技-极客DIY	1494.5	287.9w	13.3w	3362	14	分析
5	稚晖君 ♂ bilibili 2021百大UP主、知名科技UP主	科技-计算机技术	1466.3	261.3w	7750	0	4	分析

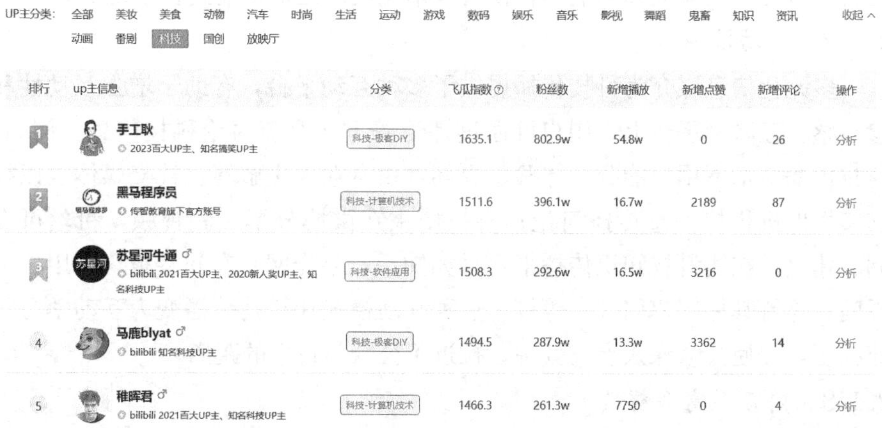

图 2　2024 年哔哩哔哩科技类 UP 主排名

除此之外，移动应用还以其便捷性，让用户随时随地获取科技知识，如科技类APP，通过推送个性化的科技内容，满足用户的碎片化学习需求。从排行榜（图3）中可以看出，这些APP不仅在下载量上取得了显著的成绩，而且在用户评价上也获得了极高的评分，证明了它们在教育和信息传播领域的价值。

排名	名称		收费情况	下载量	用户评分
1	36氪-财经创业融资产业资讯平台 Beijing 36Kr Media Tech Co., Ltd.	▶ 0 ⚙	应用(免费榜) 11 报刊杂志(免费榜)	38149 / 1172	★★★★★ 4.7
2	IT之家 - 快速全面客观的科技新闻头... Qingdao Ruanmei Network Technology Co...	▶ 0 ⚙	应用(免费榜) 189 参考(免费榜)	18705 / 1468	★★★ 3.2
3	酷安-发现科技新生活 Shenzhen CoolApk Internet Technology Co...	▶ 0 ⚙	应用(免费榜) 105 娱乐(免费榜)	10435 / 615	★★★★ 4
4	中关村在线-1.2亿数码家电汽车用户真... Beijing Zhixing Ruijing Technology Co., Ltd.	▶ 0 ⚙	应用(免费榜) - 生活(免费榜)	52404 / 2500	★★★★★ 4.5
5	红板报 Flipboard (China) Technology Co., Ltd.	▶ 0 ⚙	应用(免费榜) - 生活(免费榜)	50913 / 1023	★★★★★ 4.8
6	虎嗅-科技头条财经新闻热点资讯 Beijing Huxiu Information Technology Co...	▶ 0 ⚙	应用(免费榜) 15 报刊杂志(免费榜)	40761 / 900	★★★★ 4
7	盖得排行-公正的排行榜 广州盖得排行信息科技有限公司	▶ 0 ⚙	应用(免费榜) 284 效率(免费榜)	40074 / 968	★★★★★ 4.8
8	太平洋科技 - 科技头条数码资讯热... Pacific Internet Information Services Ltd.	▶ 0 ⚙	应用(免费榜) - 生活(免费榜)	15699 / 749	★★★★ 4
9	华尔街见闻 上海阿叶信息科技有限公司	▶ 0 ⚙	应用(免费榜) 299 财务(免费榜)	23475 / 1066	★★★★★ 4.8
10	ZAKER Guangzhou Jianhe Network Technology Co...	▶ 0 ⚙	应用(免费榜) 75 新闻(免费榜)	24727 / 498	★★★★★ 4.7

图3 2024年科技类APP榜单

这些多元化的传播途径和方式相互补充，能够满足不同受众的需求，提高科技传播的覆盖面和影响力，使科技信息更广泛地传播到各个角落。

2.1.2 互动性强

多元化信息媒介为科技传播提供了多种互动平台，有助于增强互动性和参与感。互联网平台上，用户可通过评论等方式交流讨论科技信息。例如，科技传播文章下用户能分享体验、提问，由专业人士解答。社交媒体也以社交属性促进科技信息传播讨论；科技博主在微博分享实验视频，粉丝可提问、建议；在线科技知识传播平台（如知乎、果壳网）有问答板块，用户可提问，等待其他用户回答；等等。这种互动模式让科技传播变为互动学习交流社区，促使公众深入参与其中，拉近公众与科学的距离。

2.1.3 内容丰富多样

随着新媒体技术的兴起，科技信息的传播方式得到了显著的丰富和扩展。现在，文本、音频、视觉图像和图表等不同的媒介元素可以被整合到单一的传播单元中,创造出包含多种媒介形式的复合信息。这种整合使得科技信息的传播变得更加完整、直观和引人入胜。音频形式的科技类节目(如喜马拉雅上的科学有声书)方便人们在开车、做家务等无法阅读的场景下学习科学知识;视频形式的科技内容更是丰富多彩,如中央广播电视总台央视综合频道推出的科普节目《加油!向未来》(图4),通过有趣的实验、生动的讲解和明星的参与,吸引了大量观众。

图4 科普节目《加油!向未来》

动画形式的科普以其生动形象的特点,将复杂的科学概念简单化,深受青少年的喜爱。另外,虚拟现实(VR)、动画(Flash)和增强现实(AR)技术在科技传播领域的应用,为大众营造了沉浸式的虚拟体验环境,让用户亲身体验科技的非凡吸引力。在专题报道中,传播者能够依据特定新闻事件定制科技专题,提供详尽的科技资讯。

2.1.4 覆盖范围广

多元化信息媒介打破了地域限制,能够将科技信息传播到全球各地,极大地扩大了科技传播的覆盖范围。例如,在2019年4月10日晚上9点,中国天文学家举办了一场全球性的新闻发布会,公布了人类历史上第一次直接捕捉到的黑洞影像。包括人民网、光明日报在内的多家官方媒体通过微博、微信等社交平台提前发布了直播信息,众多科学及非科学领域的账号主体也对这一重大事件表示关注。当晚和次日的新闻节目对这一事件进行了连续报道，黑洞的照片迅速成为网络上的热门讨论话题，只要有网络接入的地方，人们都能获取到这些信息。这种广泛的覆盖范围使得科技传播能够触达更广泛的受众群体，促进了全球范围内的科技交流与合作，让不同地区的人们都能共享科技发展的成果，推动全球科技的共同进步。

2.2 多元化信息媒介环境中科技传播的劣势

2.2.1 科技传播信息泛滥

在多元化信息媒介环境下，科技信息如潮水般涌来，数量庞大且质量参差不齐。一方面，互联网、社交媒体、短视频平台等媒介上充斥着大量的科技信息，从前沿的科研成果到日常生活中的科技小贴士，应有尽有。然而，受众在面对如此海量的信息时，往往难以筛选出真正有价值的内容，容易陷入信息过载的困境，导致信息疲劳。另一方面，信息的过度丰富也使得受众的注意力被分散，难以专注于某一特定的科技领域进行深入学习。例如，在搜索某一科技问题时，可能会出现大量相关但不确切的信息，让受众感到困惑和迷茫。

艾媒咨询发布的《2024年中国科技信息传播市场研究报告》显示，近五年间，科技信息发布量年均增长率超过30%，仅2024年，全网每日新增科技类文章、视频、图片等信息总量就超过200万条[3]（图5）。

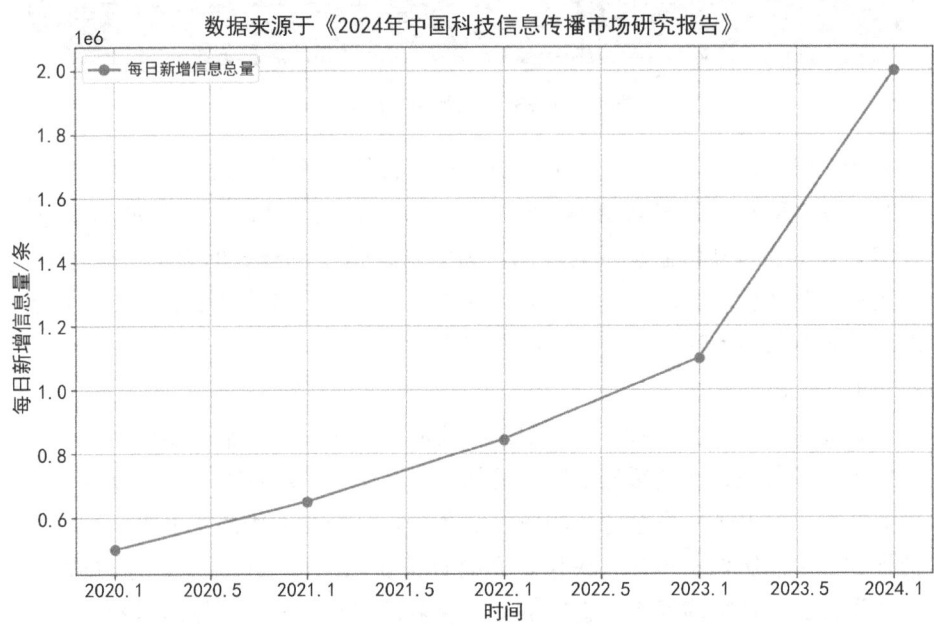

图5　2020年至2024年中国科技信息增长趋势

其中，在热门科技领域（如人工智能、区块链、新能源等），每日新增信息占比达40%，且呈现高度碎片化特征（图6），单条信息平均字数在800字以内的占比超70%，这类信息往往难以完整系统地阐述复杂的科技知识体系，加大了用户选取优质信息的难度。

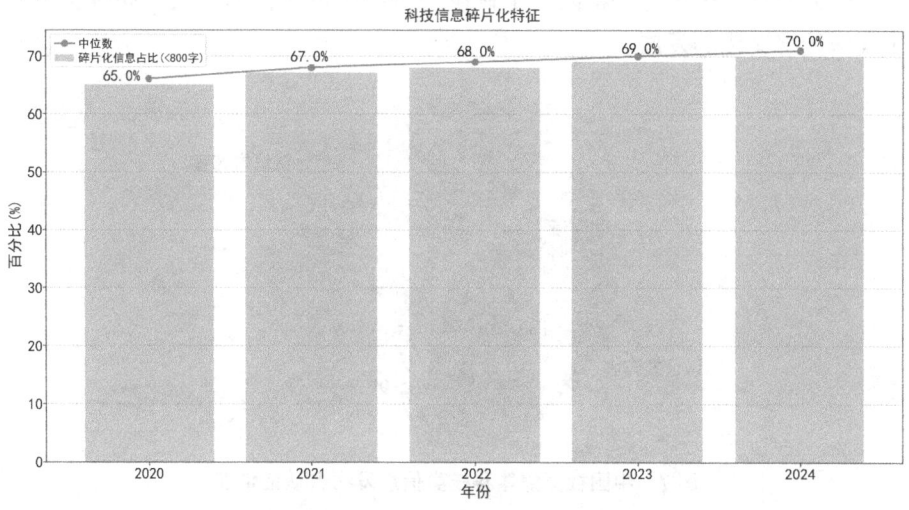

图6 2020年至2024年中国科技信息碎片化占比

众创背景带来更多创新主体和科技信息源，大量科技成果被转化为信息，并发布在多元化媒介上，但信息过度丰富导致用户难以筛选出有价值的内容，易陷入信息过载困境。同时，信息发布门槛降低，缺乏审核机制，使谣言和伪科学被广泛传播。例如，健康养生伪科学误导用户，某些科技领域虚假信息传播比例高。企业虽有提高信息数据真实性的方法手段，但在多元化信息媒介环境下实施起来面临诸多挑战。总之，众创背景下多元化信息媒介在科技传播方面喜忧参半。

2.2.2 伪科学现象层出不穷

随着信息发布门槛的降低，加上缺乏严格的审核机制，一些未经证实的言论和伪科学得以广泛传播。多元化信息媒介上出现了大量虚假、不实的伪科学信息，这极大地降低了科技信息的可信度。中国科学技术协会发布的中国公众科学素质调查结果显示，在社交媒体平台上，约40%的科技类信息发布者未经过专业科学知识培训或认证（图7）[4]。

此外，在信息传播领域，所谓的伪科学现象依然顽固存在，它们试图通过各种手段以适应不断变化的社会环境，并寻求自身的生存与成长。一些不良商家利用新媒体技术进行诈骗活动，声称能够"利用高科技预测未来"，实际上，这相当于在推广伪装成科学的封建迷信；同时，也有科技栏目散布虚假的医疗资讯；还有人将传统风水学伪装成环境科学，利用传统观念中对住宅和商业场所周边的风向、地形、水流等因素进行吉凶预测的非科学做法在民间大肆宣传……这些都阻碍了科技进步和科技文化的传播，同时也不利于我国传统文化的发展。

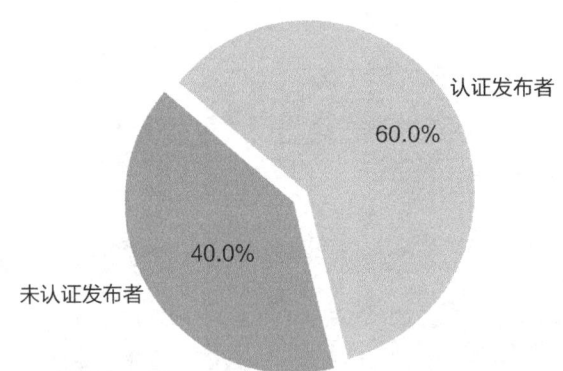

图7 中国社交媒体科技类信息发布者认证情况

2.2.3 科技传播环境欠缺

提升科技传播效率的根本在于营造一个积极健康的传播环境。然而，目前科技传播尚未形成一个良好的大环境，缺少广泛的、具有良好素质的公众基础。大众对于科技传播的价值缺乏实践上的认识和理解，这直接影响了科技传播的实际成效。新媒体技术虽然为科技传播赋予了多渠道、广泛覆盖和开放性等特点，但也降低了各参与主体进入该领域的门槛，带来了不可避免的问题[5]。科技信息在经过多轮客户端的传播和转载后，其内容的真实性难以得到保证，尤其是互联网的快速传播特性，使得一旦发现问题，追溯信息源头变得极为困难。这无疑对用户接收的信息的真实性和可靠性造成了威胁，需要进一步探讨和解决。

2.3 多元化信息媒介环境中科技传播的机遇

2.3.1 多元化信息媒介培育了科技传播新主体

在传统媒体时期，提供科技资讯的主体主要是政府机构、新闻记者、科研组织和社会团体等[6]，科技传播的组织结构相对稳定。然而，在多元化的信息媒介环境中，任何个体都有可能成为科技信息的发布者，自由地参与到科技资讯的分享中，这不仅丰富了科技信息的来源，也增加了其多样性。人们能够使用智能手机、摄影机等设备记录科技相关的事件，并通过网络平台将这些内容广泛传播给公众。也有人利用播客、个人博客、微信公众号等网络平台，定期发布科技领域的内容。科技传播者的专业性和职业特征逐渐减弱，普通民众在科技传播中的作用日益增强，社会大众逐渐成为潜在的最大科技传播群体。

2.3.2 多元化信息媒介创新了科技传播理念

科技传播的发展历程中，公众的角色经历了从被动接收知识，到有效理解科学，再到积极参与科学的显著转变。新媒体作为一个开放的传播平台，不同的受众个体之间、受众个体与网络媒体之间、受众个体与传播者之间、传播者之间、网络媒体之间等都是平等的，都可以平等对话[7]。在多元信息时代，任何人都可以加入学术讨论、发起话题、撰写评论、参与线上互动及阐述个人看法。人们得以借助网络百科编纂科技词条，利用在线论坛探讨科技议题，并有机会协同推动大规模科学研究发展。在这个信息渠道多元化融合的时期，大众能够充分展现自身的主动性和创新能力，担当起科技传播的关键角色。

2.4 多元化信息媒介环境中科技传播的挑战

2.4.1 科技传播者面临更高要求

科技传播者需要具备扎实的专业知识和技能，以便在信息过载的环境中为公众提供准确的科学知识。同时，科技传播者也应提高媒介素养，以便在新媒介环境下有效地进行科学传播。此外，科技传播者还需要坚持公正和客观的态度，避免偏见和误导公众，保护个人隐私和数据安全，避免侵犯隐私权。例如，在进行科学传播时，要尊重知识产权，避免将未经授权的内容进行复制和传播。

2.4.2 监督监管机制需要完善

在多元化信息媒介传播的环境中，需要建立起一个具有权威性、有效性和公正性的监管体系或审查机构，以防止那些打着科学旗号的不法行为者肆意妄为。由于互联网的传播速度极快，可能有许多科技信息在未经相关机构监管和审查的情况下就已经被广泛传播。一些微信公众号散布未经科学验证的虚假信息，例如，声称某种草药能治愈癌症，或者不转发就会对亲友造成伤害等荒谬言论，这些信息在中老年群体中被广泛传播，对老年人造成了不小的伤害。因此，要建立一个有效的科技传播体系，这离不开组织领导的规划、明确的工作流程和完善的规章制度。

3 众创背景下利用多元化信息媒介提升科技传播效能的策略

3.1 打造健康的科技传播环境

在社会环境中，科技传播需要适宜的土壤，一个国家和民族的生存和发展离不开科技进步。中国作为一个农业大国，拥有众多基层劳动者，特别是在中小城市和偏远农村地区，由于缺乏科学知识普及，封建迷信思想还有所残留，一些打着科学旗号的欺诈行为屡见不鲜，这些地区的人们对科技知识的认识较浅，科技意识普遍较低。因此，要打造一个健康的科技传播环境，不能仅仅依靠信息媒介的多元发展，否则可能会引起严重的分化现象。我国必须强化对中小城市及偏远农村地区的科技推广活动，并增强政策宣传的强度。例如，可以将乡村的中小学定为科技知识教育的先行示范点，引入专门的科技课程，让孩子们从年幼时就开始接触科学知识；以村落党支部为核心，先对党员干部进行教育培训，随后引领当地居民一同学习，开展"科技讲堂"活动，运用多媒体工具和电脑动画等资源进行教学，提高课堂的趣味性，使学习效果更佳；还可以在当地创建专门的科技信息板块，并提供手册供大众阅读和参考；等等。只有在日常生活中培养起人们对科学的热爱，加强彼此间的科学知识交流，才能为科技的茁壮成长提供良好的环境。

3.2 严厉打击散布科技谣言的行为

众创背景下，科技谣言危害巨大，若谣言涉及侵犯知识产权、危害公众安全、误导科研方向等，则违反了相应的行业准则和法律要求。为了严厉打击散布科技谣言的行为，科技传播领域需要采取一系列措施。首先，要不断创新科技传播的形式和手段，让科技传播更加"接地气"。科技工作者在告诉公众"是什么""要怎么做"的时候，不妨也讲清楚"为什么"，在传授知识的同时，教会公众科学理性地思考；媒体在传播科学知识的时候，要处理好科学知识的"精准性"与大众传播"通俗化"之间的关系，切忌博眼球的断章取义、不明所以的术语堆砌。其次，甄别不实信息需多管齐下。一方面，利用大数据技术对信息进行比对分析，通过数据挖掘技术，对比海量科技信息，找出与已知权威信息不符、存在逻辑漏洞或来源不明的内容；借助人工智能算法对文本语义、情感倾向进行分析，识别出具有误导性、夸张性的表述。另一方面，依靠专业领域的专家团队进行人工审核，让专家凭借专业知识和经验，对科技信息的科学性、真实性进行判断。最后，提高公众的科学素养和辨别能力，通过科技信息宣传等方式让公众理性对待信息。

除此之外，应根据谣言的危害程度确定惩罚力度。对于传播范围较小、未造成明显危害后果的一般性科技谣言，可采取警告、责令删除相关内容、在一定范围内公开道歉等方式进行惩罚；若谣言导致公众对某一科技领域产生误解，影响正常科研活动开展或引发局部社会恐慌，可依据相关法规给予罚款、限制发布信息等处罚；而对于那些恶意编造、广泛传播且造成严重后果，如引发社会动荡、导致公众重大财产损失或危害公众生命安全的科技谣言，应依法追究刑事责任，从根本上遏制科技谣言的传播。总之，打击科技谣言是提升科技传播效能的重要举措，可维护良好秩序，为公众提供准确的科学知识。

3.3 建立高效的科技传播监管体系

建立一个坚实的高效监管体系，需要政府机构及监管机构紧密合作，共同推进科技传播的健康发展。

一方面，政府作为主导机构，需要积极推动科技传播领域相关法规和制度的完善，明确规范科技传播平台的行为。对于利用夸张标题吸引眼球、传播低俗谣言、过度娱乐化的科技内容以及自媒体视频等，政府应进行严格的审查和整改，确保只有严格符合标准的内容才能被发布和传播[8]。同时，政府还应采取预防措施，一旦网络上出现谣言，互联网监管机制应立即介入，进行审核或采取惩罚措施。各相关责任单位应承担起责任，共同维护网络环境的秩序，不得相互推诿。

另一方面，需要增强科技传播的管理措施和执行力度，并对知识产权实施更严格的保护。多元化信息媒介具有开放性和独特性，在科技传播的发展中可能会引发一些问题，如内容不规范、形式低俗化，以及不可忽视的知识产权侵权问题[9]。因此，政府或相关机构必须加大版权保护力度，实施政策规定，强化对科技传播的管理。

3.4 加强科技传播者的能力和职业道德建设

科技知识的传播者首先需要对科学技术有深入的理解和充分的知识储备。当前，科技工作者是引导公众提升科学素养的关键力量。因此，这些专业的传播者应当对自己有更高的要求，不断提升个人的科学素养和职业操守，这应成为他们持续学习的重要课题。至于那些作为传播中介的力量，如制作科技类视频的独立媒体创作者,他们应当发挥新媒体技术的特点,巧妙地将枯燥的科技知识以吸引人的内容和语言方式进行呈现,避免单调和重复的传播方式。

此外,必须重视人才培养不足的问题。对于偏远和欠发达地区,应加大人力资源支持,通过引进人才来保障科技传播的进步。教育和培训机构可以开设专门课程,为未来从事科技传播工作的人提供必要的培训,确保他们能够胜任工作,避免资源的浪费。在推动科技传播事业发展的同时,也要激发科研工作者的工作热情和学习动力,培养他们积极的传播理念,使他们将科技传播视为己任,承担起相应的责任。

4 结语

在众创背景下,多元化信息媒介为科技传播带来了机遇与挑战。一方面,传播途径和方式多元化、互动性强、内容丰富多样、覆盖范围广等优势为科技传播提供了丰富的资源和广阔的平台,使得更多人能够参与科技创新与科技传播,推动科技传播的大众化。然而,另一方面,科技传播领域也存在着科技信息泛滥、科学素养参差不齐、信息可信度低以及科技传播不规范等劣势。

为提升科技传播效能,可以采取以下策略:打造健康的科技传播环境;严厉打击散布科技谣言的行为;建立高效的科技传播监管体系;加强科技传播者的能力和职业道德建设。总之,在众创背景下,利用多元化信息媒介提升科技传播效能是一项复杂而艰巨的任务,需要政府部门、科技部门和社会各界共同努力,以实现科技传播的健康发展,为公众提供准确、高质量的科学知识,推动科技进步和社会发展。

参考文献

[1] 习近平.为建设世界科技强国而奋斗——在全国科技创新大会、两院院士大会、中国科协第九次全国代表大会上的讲话[N].人民日报,2016-06-01(2).
[2] 中国互联网络信息中心.中国互联网络发展状况统计报告[R].2024.
[3] 艾媒咨询.2024年中国科技信息传播市场研究报告[R].2024.
[4] 中国科学技术协会.中国公众科学素质调查报告[R].2024.
[5] 徐樱.新媒体技术的发展对我国科技文化传播的影响[J].科教导刊(上旬刊),2010(03):145-147.
[6] 刘华杰.科学传播的三种模型与三个阶段[J].科普研究,2009,4(02):10-18.

［7］ 田松.科学传播——一个新兴的学术领域［J］.新闻与传播研究,2007(02):81-90+97.

［8］ 何郁冰.科学社会学视野中的科技传播和知识创新［J］.自然辩证法研究,2003(07):61-64+79.

［9］ 吴国盛.科学传播与科学文化再思考［N］.中华读书报,2003-10-29.

健康科普短视频的创作逻辑和关键构成要素
——基于清晰集定性比较分析

◎ 彭丽霞[1]

摘　要　探究健康科普短视频的创作逻辑与关键构成要素，有助于理解健康信息传播的规律、机制。本文以哔哩哔哩的50个健康科普短视频为典型案例，基于启发式-系统式模型，以 IP 出镜、视频时长、标题形式、商业推广、表现风格、时事热点、行为指导、技术包装为条件变量，以传播效果为结果变量，进行了定性比较分析。研究揭示了两种显著的因素组合模式：一是热点驱动的应急科普类短视频模式，二是 IP 影响力驱动的健康保养类短视频模式。根据条件组合推导出三条优化路径，即把控时长、内容严谨和行为指导，以提升健康科普短视频的传播效果。

关键词　健康科普；短视频；定性比较分析

1 引言

在《"健康中国 2030"规划纲要》及一系列相关政策文件的指导下，政府明确了构建"健康中国"的战略蓝图，并将公共健康的提升置于优先发展的位置。2022 年 5 月发布的《关于建立健全全媒体健康科普知识发布和传播机制的指导意见》强调了通过新媒体平台促进健康教育的重要性。短视频作为一种高效的信息传播方式，能够在短时间内浓缩大量健康知识，使公众更易获取并应用这些信息来改善个人健康状况。凯度与腾讯医典联合发布的《2021 医疗科普短视频与直播洞察报告》指出，超过七成的用户已参与观看健康科普内容[1]，表明此类视频具有显著的社会价值和发展潜力。健康科普

---

1 作者简介：彭丽霞，闽江学院新闻传播学院讲师，厦门大学新闻传播学院博士，主要研究方向为品牌传播、健康传播。E-mail：504529629@qq.com。

短视频以科学、专业的内容为基础，结合生动、通俗的表现形式，旨在提高公众的健康认知和素养。近年来，随着哔哩哔哩等平台上优质创作者的涌现，这类视频获得了广泛的关注和认可。探究健康科普短视频创作与传播背后的逻辑，对于提升视频质量、扩大影响力、增强公众健康意识以及推进健康教育事业发展均具有关键意义。

新媒体平台的兴起为健康科普开辟了新的传播渠道，不仅扩大了信息覆盖范围，也提高了公众获取健康知识的便捷性。研究指出，自2014年以来，新媒体在健康科普领域的应用迅速扩展，超过了期刊、电视节目、社区宣传等其他科普形式[2]。短视频平台中关于健康科普的研究多集中在内容创作与传播策略上，涉及主流媒体、出版机构和医疗机构等多个传播主体。例如，央视网《够科普》栏目通过权威专家审核确保信息准确性，并采用互动式沟通方式提升用户参与度，而其传播创新之处则体现在延长传播周期及利用全媒体矩阵促进流量增长[3]。对于出版机构来说，如何将专业知识以通俗易懂的方式呈现给大众，是提高健康科普视频吸引力的关键挑战。当前，这类视频存在科学语言不够规范、专业术语过于晦涩以及制作技术未能跟上平台发展速度等问题[4]。医疗机构作为健康信息的重要提供者，需要探索更有效的传播路径，充分利用自身医疗资源。尽管一些公立医院的内容更新频率较低且实用信息有限[5]，但也有像"丁香医生"这样的成功案例，它通过建立权威又亲民的形象，运用隐喻表达和语义符号重构，成为健康传播的典型案例[6]。

综上，目前关于健康科普短视频的传播效果研究相对缺乏。大部分的研究都是基于抖音和微博这两个平台，以某个具体的科普视频或博主为研究对象，运用问卷调查、文本分析等方法得出一些针对某种科普视频的结论。例如，王一帆评估了健康科普视频《关于新冠肺炎的一切》在受众中的传播效果[7]；王爱婷探讨了动漫科普短视频中诱惑性细节对传播效果的影响[8]；刘思琦、曾祥敏分析了知识类短视频博主如何构建知识类短视频的传播逻辑[9]。但从整体上看，对健康科普视频传播效果的综合分析相对缺乏。基于此，本文以哔哩哔哩平台为例，利用定性比较分析法阐释健康科普短视频的创作逻辑和关键构成要素。

2 研究方法与设计

2.1 QCA 研究方法

本文采用清晰集定性比较分析法（csQCA），该方法适用于处理二分赋值变量。定性比较分析（QCA）基于布尔代数，用于探索变量间的因果逻辑关系，特别适合于小样本的复杂因果机制研究，相较于传统统计方法，它提供了更高的准确性和更强的解释力。QCA允许识别多个因素组合作为结果发生的充分条件。例如，A＊B→Y表示当因素A和B同时存在时，将导致结果Y的发生。此方法为多路径因果关系提供了一个系统的解释框架，每个组合可以独立地构成结果发生的充分条件[10]。

健康科普短视频的传播效果受多种因素交织影响，呈现出"多因并发"的特性。因此，使用QCA能够有效地揭示不同因素组合如何共同作用以达成特定的传播效果。具体步骤包括选取案例并确定变量→进行编码→将编码表导入QCA软件→构建真值表→进行一致性和覆盖率分析。通过这一系统化流程，能够从众多条件变量组合中识别出对健康科普短视频传播效果最具决定性的关键组合。

2.2 案例选取

本文选取哔哩哔哩健康专区"2022年度全站播放量排名前50"的视频作为研究对象。哔哩哔哩的分区系统代表了平台对内容的标准化分类，为视频筛选提供了可靠的依据。然而，由于部分博主可能在标签设置或关键词选择上存在偏差，导致某些视频虽归类于健康专区，但实际内容与健康科普无关。因此，本文通过人工审核的方式，剔除了不符合健康科普定义的高排位视频，并按顺序补充后续视频，以确保最终样本的准确性。经过这一筛选过程，我们获得了50条有效的健康科普短视频作为分析样本。

2.3 变量设计与赋值

基于认知心理学的双加工理论，人类的心理认知过程涉及两种不同的信息处理机制：一种是依赖经验和直觉的经验-直觉系统，另一种则是依赖逻辑和推理的理性-分析系统[11]。心理学家Chaiken所提出的"启发式-系统式模型"进一步发展了这一理论，解释了个体在面对信息时可能采用的两种处理模式——启发式和系统式。启发式处理利用低认知成本的情景线索，使受众能够快速、直观地理解信息；而系统式处理则需要较高的认知资源，强调基于理性和逻辑的信息评估[12]。

考虑到健康科普短视频的传播本质上是个体对信息进行认知、推理与判断的过程，本文借鉴启发式-系统式模型，选择5个启发式线索（即与视频内容无关的条件变量，包括IP出镜、视频时长、标题形式、商业推广、表现风格)和 3 个系统性线索(即与视频内容相关的条件变量,包括时事热点、行为指导、技术包装),并选择传播效果作为结果变量。

2.3.1 IP 出镜

IP 出镜是指在健康科普短视频中,由真人或特定虚拟形象直接面向观众进行讲解。根据主体不同,IP 出镜主要分为以下三类:一是真实专家与名人,健康领域的权威专家、医生及公众人物通过视频介绍专业知识和经验,显著提升内容的可信度和权威性;二是普通创作者,视频制作者本人出镜,分享健康知识和个人体验,增强了内容的真实感和亲切感;三是动漫与虚拟形象,利用动漫角色或虚拟形象进行科普,不仅突破了现实条件限制,还增加了视频的趣味性和吸引力。"在场效应"指的是通过媒介(如电视、网络)创造的一种仿佛亲临现场的错觉,这种体验能够引发观众更强烈的情感共鸣和沉浸感[13]。IP 出镜正是借助这一效应,为观众提供了面对面交流的模拟体验,从而加强了信息传递的效果。在本文案例中,有 62% 的短视频包含 IP 出镜元素,而 38% 则未采用这种方式。这表明 IP 出镜已成为健康科普短视频创作中的一个重要策略,有助于增强内容的互动性和观众的参与感。

2.3.2 视频时长

在新媒体环境中,信息的海量供给使得用户的注意力成为宝贵的资源,视频时长因此成为影响传播效果的关键因素之一。较短的视频通常能实现更高的完播率,有助于增加曝光机会;然而,过短的视频可能无法充分传达健康科普内容,影响观众的理解和体验。相反,适当地延长视频时长可以容纳更丰富的信息量,支持对复杂话题的深入探讨,但过长则可能导致观众流失[14]。为了使信息传递效率最大化并保持观众的兴趣,健康科普短视频的创作者需精心权衡视频时长与内容深度之间的关系。本文所选案例的视频时长范围为 2 至 15 分钟,其中 72% 的视频时长小于 8 分钟,而 28% 的视频时长大于 8 分钟。这一分布反映了短视频平台用户偏好的趋势,同时也提示创作者需要根据内容需求优化视频长度,以达到最佳的传播效果。

2.3.3 标题形式

视频标题作为视频核心思想的高度凝练,其形式对吸引观众注意力起着至关重要的作用。本文将标题形式分为陈述式和疑问式两类。陈述式标题以简明扼要的方式直接传达视频的核心信息,使观众能够迅速了解视频的内容,如"医生突发流感了,居家用药一次说清楚",这类标题占 54%。疑问式标题则通过提出具有反转性或争议性的问题来激发观众的好奇心和探索欲,如"输液时气泡进入血管会怎样?",此类标题占 46%。

2.3.4 商业推广

部分健康科普短视频中会融入特定品牌或产品的介绍与推广，以实现商业收益。视频内的商业元素可能影响观众对内容的信任度和态度，但同时也表明制作成本可能因品牌方赞助而更为充裕。含有商业推广的视频可以通过广告投放或平台合作扩大传播范围，然而，这也可能导致平台算法对视频曝光量的不同判定，进而影响最终的传播效果。在本文案例中，包含商业推广的短视频占比为24%，而无商业推广的短视频占比为76%。

2.3.5 表现风格

短视频创作者依据观众的偏好和接受度选择合适的表现风格，以增强吸引力、促进知识传播并树立个人品牌形象。本文将表现风格分为娱乐性和非娱乐性两类。娱乐性风格通过幽默、诙谐和轻松的手法，使视频更具亲和力，激发观众兴趣，打破传统知识传播的单调感，增加互动性，此类视频占46%。非娱乐性风格则强调严谨、专业和权威，旨在强化内容的科学性，提高说服力，提升观众的信任度和认同感，这类视频占54%。

2.3.6 时事热点

时事热点是指当前社会中具有高关注度和影响力的事件或话题，通常具备时效性、紧迫性和广泛的社会影响。健康科普短视频利用与食品安全、环境污染等相关的时事热点信息，可以提供及时且相关的内容素材，从而吸引观众注意并影响其态度和接受度。平台推荐算法倾向于推送与时事热点相关的视频给感兴趣的用户，这有助于提高视频的曝光量和传播效果。在本文案例中，22%的短视频涉及时事热点，而78%的短视频与时事热点无关。

2.3.7 行为指导

健康科普短视频不仅承担着传递知识的任务，还肩负着引导公众采取正确健康行为的责任，如疾病预防、生活方式改善及免疫力提升等。因此，行为指导是这类视频的核心内容之一，也是衡量其传播效果的关键指标。鉴于哔哩哔哩用户群体普遍具备较高的受教育水平和信息敏感度，他们对健康科普内容有较高期待，尤其重视具体、实用且可操作的健康建议。在本文案例中，68%的短视频包含明确的行为指导，而32%的视频未提供此类指导。

2.3.8 技术包装

技术包装是指通过音乐、动画、特效和剪辑等技术手段增强视频的表现力，这是视频创作的重要组成部分。良好的技术包装不仅能提升视频的品质、风格和氛围，还能有效传达主题、观点与情感。首先，技术包装增加了视频的趣味性和互动性，激发观众的好奇心和探索欲，促进观看和分享；其次，它有助于突出重点、梳理逻辑，特别是在解释复杂概念时能起到简化理解的作用；最后，个性化和技术包装能够展示创作者的独特风格，建立视频与观众之间的信任感和亲近感。在本文案例中，80%的短视频采用了技术包装，而20%的视频较为简朴，未显著运用这些技术手段。

2.3.9 传播效果

短视频的传播效果是衡量其受欢迎程度和影响力的重要指标。本文通过播放量、点赞量、收藏量和评论量四个维度综合评估短视频的传播效果，这四个方面分别反映了视频的曝光度、认可度、忠诚度和互动度。

播放量：指短视频的观看次数，用以衡量其曝光度。高播放量表明视频吸引了大量用户的注意力，增加了被推荐的可能性。然而，播放量并不能完全反映视频的质量和价值，因为某些视频可能通过非自然手段（如投流或标题党）提高播放量。

点赞量：反映了用户对视频的喜爱或赞同，用于衡量认可度。点赞数量多意味着视频更符合用户需求和喜好，增加了分享的可能性。但点赞同样存在局限性，部分用户可能会出于礼貌或随意性点赞，而非基于真实感受。

收藏量："收藏"是指用户将视频保存以便日后参考的操作，收藏量用于衡量用户对视频的忠诚度，较高的收藏量说明视频内容对用户具有长期价值。然而，一些用户可能会出于习惯或好奇心进行收藏，不一定代表真实需求。

评论量：用户对视频发表看法或感受的条数，用以衡量互动度。丰富的评论能够促进思考和讨论，有助于形成社区效应。但是，评论中可能存在无意义或恶意内容，并不总是反映真实观点。

由此可见，播放量、点赞量、收藏量、评论量这四个指标都有其优势和局限性，它们从不同角度反映了短视频的传播效果。为了全面、客观地评估，本文选取了在上述四个指标上均排名前40%的案例作为传播效果较好的样本，这部分占比70%，其余30%则被视为传播效果一般。

采用清晰集定性比较分析法处理数据时，需要将所有变量简化为二分变量。为此，本文采用二分归属原则确定分界点，即每个案例只能归属于一个类别，不能同时属于两个类别或不属于任何类别。具体而言，当某变量的权重比例超过50%时，赋值为1；反之，则赋值为0。详细的变量与赋值情况见表1。

表 1 条件变量和结果变量设计及赋值

变量说明	变量类型	解释说明	权重	赋值
条件变量	IP 出镜	有 IP 出镜	62%	1
		无 IP 出镜	38%	0
	视频时长	小于 8 分钟	72%	1
		大于 8 分钟	28%	0
	标题形式	陈述式标题	54%	1
		疑问式标题	46%	0
	商业推广	无商业推广	76%	1
		有商业推广	24%	0
	表现风格	非娱乐性风格	54%	1
		娱乐性风格	46%	0
	时事热点	无关时事热点	78%	1
		有关时事热点	22%	0
	行为指导	有行为指导	68%	1
		无行为指导	32%	0
	技术包装	有技术包装	80%	1
		无技术包装	20%	0
结果变量	传播效果	播放量、点赞量、评论量、收藏量同时在样本中排进前 40%	70%	1
		播放量、点赞量、评论量、收藏量未能同时在样本中排进前 40%	30%	0

3 数据分析与结果

3.1 单个条件变量分析

在完成数据的操作化赋值和编码后,本文采用 fs/QCA 3.0 软件进行定性比较分析。首先,通过一致性和覆盖率两个关键指标评估每个条件变量与结果变量之间的充分性和必要性。一致性衡量了条件变量或其组合导致结果发生的可靠性,当一致性达到 0.8 及以上时,视为存在充分条件;若达到 0.9 及以上,则认为是必要条件。覆盖率则表示条件变量或其组合解释结果变量的广度。例如,覆盖率 0.8 意味着该条件能够涵盖 80% 的研究案例。具体分析结果见表 2。

表 2 单个条件变量分析结果

条件变量	一致性	覆盖率
IP 出镜	0.690	0.645
视频时长	0.690	0.556
标题形式	0.586	0.630
商业推广	0.690	0.526
表现风格	0.586	0.630
时事热点	0.759	0.564
行为指导	0.759	0.647
技术包装	0.793	0.575

根据分析结果,八个条件变量中无一达到 0.9 的一致性水平,表明这些变量中不存在单独决定健康科普短视频传播效果的必要条件。这说明,单一因素无法决定视频传播效果的好坏,健康科普短视频的成功往往是多种因素共同作用的结果。此外,所有变量的覆盖率均未达到 0.8,进一步证实了单一条件变量对传播效果的解释力不足,也不足以作为影响传播效果的主要因素。因此,为了揭示影响传播效果的复杂因果模式和路径,本文需要深入进行组合条件分析,即检验多个条件变量组合是否构成传播效果高或低的充分条件。

3.2 条件变量组合分析

为了进一步探索影响因素之间的复杂关系,需要对条件变量进行不同的组合分析。根据条件变量取值情况构建真值表,并对其进行逻辑最小化处理,以消除冗余和矛盾的情况,在 fs/QCA 3.0 软件中运行后得到的结果见表 3。

表3 中间方案最优组合路径提取表

原因组合	原覆盖率	净覆盖率	一致性
有IP出镜*小于8分钟*疑问式标题*有商业推广*娱乐性风格*无关时事热点*有技术包装	0.103	0.034	1
有IP出镜*疑问式标题*有商业推广*娱乐性风格*无关时事热点*有行为指导*有技术包装	0.103	0.034	1
无IP出镜*大于8分钟*疑问式标题*无商业推广*非娱乐性风格*无关时事热点*有技术包装	0.069	0.069	1
小于8分钟*陈述式标题*无商业推广*非娱乐性风格*有关时事热点*有行为指导*无技术包装	0.138	0.138	1
有IP出镜*陈述式标题*无商业推广*娱乐性风格*无关时事热点*无行为指导*有技术包装	0.069	0.069	1
有IP出镜*小于8分钟*有商业推广*非娱乐性风格*无关时事热点*有行为指导*有技术包装	0.103	0.103	1
有IP出镜*小于8分钟*陈述式标题*无商业推广*非娱乐性风格*有行为指导*有技术包装	0.069	0.069	1
无IP出镜*大于8分钟*疑问式标题*无商业推广*非娱乐性风格*有关时事热点*无行为指导*有技术包装	0.034	0.034	1
无IP出镜*小于8分钟*陈述式标题*有商业推广*娱乐性风格*无关时事热点*有行为指导*无技术包装	0.034	0.034	1
有IP出镜*陈述式标题*大于8分钟*无商业推广*娱乐性风格*有关时事热点*有行为指导*有技术包装	0.034	0.034	1
无IP出镜*疑问式标题*小于8分钟*无商业推广*非娱乐性风格*无关时事热点*有行为指导*有技术包装	0.034	0.034	1
有IP出镜*疑问式标题*小于8分钟*无商业推广*非娱乐性风格*无关时事热点*有行为指导*无技术包装	0.034	0.034	1
所有组合的覆盖率：0.758			
所有组合的一致性：1			

表 3 中所有的原因组合都具有很高的一致性，超过了 0.9 的阈值，这说明研究结果对于选取的 50 个案例具有较强的普遍性和可信度。在这 12 种原因组合中，有两种组合的一致性和覆盖率都相对较高，这表明这两种组合是最能够解释研究结果的关键组合因素。

原因组合一：热点驱动的应急科普类短视频模式，即小于 8 分钟 * 陈述式标题 * 无商业推广 * 非娱乐性风格 * 有关时事热点 * 有行为指导 * 无技术包装。

符合这种组合的代表案例，主要为疫情暴发阶段以新冠病毒感染为主题，涉及防疫措施、用药方法、诊断标准、治疗进展等方面专业知识和实用建议的健康科普短视频。这类视频的创作逻辑和关键构成要素如下：

（1）知识传递与公益导向。此类短视频专注于传递严肃且理性的健康信息，内容以公益性质为主，避免任何形式的商业利益或广告宣传，确保信息的真实性和权威性。

（2）简洁明了的标题设计。采用陈述式标题直接点明主题，使观众能够迅速了解视频的核心内容，减少了信息获取的成本，提高了观看意愿。

（3）优化观看体验。考虑到观众注意力的有限性，视频时长控制在 8 分钟以内，有效防止了观众注意力分散或中途放弃观看，增强了信息的有效传达。

（4）时效性与实用性结合。紧密贴合时事热点，尤其是疫情期间的紧急需求，并提供了具体的行为指导，帮助公众采取正确的防护措施。这种时效性和实用性极大地提升了视频的相关性和价值感。

（5）真实性和客观性。尽管缺乏复杂的视觉包装，但视频内容的真实性和客观性反而赢得了观众的信任和青睐。简单而有效的剪辑方式（如一镜到底或分段剪辑）确保了信息的连贯性和清晰度，进一步增强了传播效果。

原因组合一所揭示的健康科普短视频创作逻辑及其关键构成要素，不仅体现了在特定社会背景（如疫情暴发）下信息传播的独特规律，也深刻反映了受众在信息接收过程中的心理与行为特征。这种回归内容本质的策略不仅适用于特殊时期的紧急科普需求，也为常态化的健康教育提供了宝贵的借鉴。

原因组合二：IP 影响力驱动的健康保养类短视频模式，即有 IP 出镜 * 小于 8 分钟 * 有商业推广 * 非娱乐性风格 * 无关时事热点 * 有行为指导 * 有技术包装。

符合这种组合的代表案例，主要是关于人们所面对的一些常见健康保养类话题的短视频，如护肤、减肥、饮食和运动等。这类视频的创作逻辑和关键构成要素如下：

（1）IP出镜与权威性提升。此类视频通常由博主本人出镜，包括明星、医生或专家等知名人士，以增强视频的影响力和权威性。这种"在场效应"不仅提升了内容的可信度，还通过个人品牌的背书进一步扩大了传播范围。

（2）适应平台规律的紧凑时长。为了契合短视频平台的传播特点和观众的观看习惯，视频时长严格控制在8分钟以内。这一策略有效防止了观众注意力分散，确保信息传递的高效性和完整性。

（3）科学性与商业推广的平衡。尽管视频中包含商业推广元素，如产品推荐、优惠券或合作链接，但这些元素并未削弱内容的专业性和科学性。相反，合理的商业化设计实现了视频的变现和盈利，同时也为观众提供了实用的产品选择建议，形成了知识传播与商业价值提升的双赢局面。

（4）非娱乐性与生活指导的结合。视频主题虽然不涉及时事热点，但紧密围绕日常生活中的健康问题，提供具体且实用的行为指导。这种方式使得内容更加贴近受众需求，增强了观众的参与感和认同感。

（5）技术包装与视觉吸引力。通过剪辑、配音、字幕和特效等技术手段，视频不仅提高了视觉吸引力，还增强了信息传达的清晰度和可信度。此外，适当的技术包装也增加了视频的情感煽动性，使观众更容易产生共鸣。

原因组合二所揭示的健康科普短视频创作逻辑及其关键构成要素，不仅展示了在日常生活中通过个人品牌和专业权威人士提升信息传播效果的独特路径，也深刻反映了受众对兼具实用性和娱乐性的内容的需求特征。这种结合IP影响力与技术包装的策略，不仅适用于常见健康保养类话题的普及，也为新媒体环境下健康教育的多元化发展提供了新的思路。

4 研究结论与优化路径

根据上述研究，本文提炼出两组关键的微观组合要素。基于这两组条件组合，可以进一步归纳出三条健康科普短视频的优化路径，分别是把控时长、内容严谨和行为指导。

4.1 把控时长，平衡内容深度与受众注意力

健康科普短视频需兼顾专业知识传递和观众注意力的有效管理。视频时长是影响制作效率、内容质量和用户参与度的关键因素之一。本文发现，时长小于8分钟的视频更受用户青睐，这不仅提高了制作效率，还使创作者能

够聚焦于核心信息，避免冗余内容干扰信息传达。这种紧凑的结构有助于观众接受和消化视频中的信息，从而提升理解和记忆效果，进一步促进视频的传播，提高影响力[15]。简短而精炼的内容设计也使得用户更愿意将视频分享至社交网络，形成二次传播效应。

4.2 内容严谨，强化信息传播的权威性与可信度

在健康科普领域，内容的严谨性和科学性是短视频的核心竞争力。相较于其他类型的短视频，健康科普短视频具有更高的专业门槛，要求制作者从权威渠道获取并验证信息，确保其准确无误。理性严肃的表现形式不仅增强了视频的专业性和可信度，还提升了观众的信任感。通过强调信息的科学性和权威性，这类视频能够在复杂的信息环境中脱颖而出，获得更好的传播效果。此外，严谨的内容也有助于建立长期的品牌形象和社会责任意识，巩固公众对健康科普内容的认可和支持。

4.3 行为指导，融合知识传递与实践应用

健康科普短视频不仅肩负着传递知识的责任，更重要的是为公众提供具体的行为指导，以实现公共卫生目标和个人健康管理。视频中提供的生活建议通常围绕日常健康问题展开，旨在帮助观众解决实际困惑并采取有效措施。这种方式不仅能增强观众对视频内容的认同感和信任度，还能提高其忠诚度和口碑效应。行为指导不仅是个人受益的途径，也在社会层面产生了积极影响，如疾病预防、医疗资源合理利用和环境卫生改善等。因此，将知识传递与实践应用相结合，体现了健康科普短视频的社会责任感和长远价值。

5 结语

本文通过对健康科普短视频创作逻辑和关键构成要素的定性比较分析，揭示了在新媒体环境下，健康科普内容传播的独特规律及其背后的多因素协同作用机制。研究表明，健康科普短视频的成功不仅依赖于单个变量的作用，更是多个条件变量组合共同影响的结果。特别是把控时长、内容严谨和行为指导这三条优化路径，为健康科普内容的创作提供了明确的实践指导。这些发现不仅丰富了健康传播领域的理论框架，也为未来研究探讨信息传播机制提供了新的视角。此外，本研究强调了回归内容本质的重要性，无论是特殊时期的紧急科普需求还是常态化的健康教育，高质量的内容始终是赢得

观众信任和支持的关键。通过科学合理的创作策略,健康科普短视频能够在快速变化的社会环境中灵活应对公众需求,使其社会影响力最大化。

  本文的研究成果还凸显了健康科普短视频在促进公共卫生事业发展和提升国民健康水平方面的重要作用。健康科普不仅是知识传递的过程,更承担着引导公众采取正确健康行为的社会责任。通过引入 IP 影响力、技术包装等创新元素,健康保养类视频不仅提高了信息的吸引力和可信度,还在日常生活中为观众提供了实用的行为指导。这种结合个人品牌与专业权威的策略,展示了新媒体环境下健康教育的多元化发展路径。最终,健康科普短视频不仅在个体层面帮助人们提高生活质量,也在社会层面产生了积极影响,如疾病预防、医疗资源合理利用和环境卫生改善等。因此,健康科普短视频不仅是信息传播的工具,更是推动社会进步的重要力量。通过持续优化创作逻辑和关键构成要素,这类视频将在未来的健康教育事业中发挥更为重要的作用,为构建更加健康的社区和国家贡献力量。

  最后,本文采用的定性比较分析虽然能够有效处理多因素组合的因果关系,但在某些方面仍存在局限性。定性比较分析倾向于简化复杂现实,可能忽略了视频内容、受众特征、传播渠道等多方面因素之间的复杂交互作用,导致得出的研究结论未能充分揭示深层次的机制。因此,未来研究将进一步引入混合研究方法,对视频文本进行更为深入、细致的分析。例如,通过内容分析法深入挖掘视频的具体表达方式和信息结构;通过问卷调查和访谈了解受众的真实反馈和需求;利用网络数据分析传播路径和互动模式。通过多角度、多层次的探讨,可以总结出更丰富、更深入的结论,为健康科普短视频的创作与传播提供更为科学的指导和建议。

参考文献

[1] 人民资讯.专业医学科普成为短视频平台用户刚需[EB/OL].(2021-07-06)[2024-11-26]. https://baijiahao.baidu.com/s?id=1704527663271538613&wfr=spider&for=pc.
[2] 吴一波,邢云惠,刘喆,等.我国 20 年健康科普研究的文献分析[J].科普研究,2017,12(03):39-45+106-107.
[3] 张恪忞,王梦园.主流媒体健康类短视频内容生产与融合传播研究——以央视网《够科普》栏目为例[J].电视研究,2022(07):45-48.
[4] 匡文波,姜泽玮.融合出版视域下健康科普短视频的内容生产与传播探讨[J].出版广角,2022(21):32-37.
[5] 丁骋,张威.公立医院抖音号短视频健康传播研究[J].传媒,2022(03):62-64.
[6] 金梦玉,姬穆沙."丁香医生"抖音短视频内容生产服务性特征分析[J].当代电视,2021(03):76-80.

[7] 王一帆.健康科普视频的内容特征与传播效果——基于对《关于新冠肺炎的一切》的分析[J].今传媒,2020,28(12):143-146.

[8] 王爱婷.基于诱惑性细节效应的动漫科普短视频传播效果研究[J].科普研究,2019,14(04):41-49+112.

[9] 刘思琦,曾祥敏.知识类短视频关键构成要素及传播逻辑研究——基于B站知识类短视频的定性比较分析(QCA)[J].新闻界,2022(02):30-39+48.

[10] 里豪克斯,拉金.QCA设计原理与应用 超越定性与定量研究的新方法[M].杜运周,李永发,译.北京:机械工业出版社,2017.

[11] EPSTEIN S, PACINI R, DENES-RAJ V, et al. Individual differences in intuitive-experiential and analytical-rational thinking styles[J]. Journal of Personality and Social Psychology, 1996, 71(2): 390-405.

[12] CHAIKEN S. Heuristic versus systematic information processing and the use of source versus message cues in persuasion [J]. Journal of Personality and Social Psychology, 1980(05): 752-766.

[13] MATTHEW L, THERESA D. At the heart of it all: The concept of presence [J]. Journal of Computer-mediated Communication, 2010, 3(02): 494-505.

[14] OTTERBACHER J. Helpfulness in online communities: A measure of message quality[C].//Proceeding of the SIGCHI Conference. New York: ACM, 2009.

[15] 陈暖.医院科普短视频传播现状与对策研究——以中南大学湘雅医院抖音号为例[J].科普研究,2021,16(01):32-38+55+97.

科技创新与科学普及融合的路径与探索
——关于上海科技创新资源科普化的思考

◎ 梁 偲　游文娟　樊春海[1]

摘 要 本文提炼了欧盟、美国、英国等发达国家科技创新资源科普转化的经验，总结了上海科技创新资源科普化的做法与实践，并分析了目前存在的问题，最后提出优化上海科技创新资源科普化的思路及对策。这对于促进上海及全国的科普事业发展有一定借鉴意义。

关键词 科技创新；科学普及；融合；科普化；上海

1 引言

科技进步推动人类命运共同体建设。习近平总书记开创性地提出"科技创新、科学普及是实现创新发展的两翼，要把科学普及放在与科技创新同等重要的位置"，为我国新时代科普工作指明了发展方向。其中，科技创新聚焦科技前沿，科学普及聚焦提升公众科学素质。

新时代的科技发展，学科交叉与合作的范围越来越广、频率越来越高，科技创新也更多地面向医疗、能源、气候等复杂、紧迫且与民生相关的现实挑战。要应对这些挑战，既需要科学家面对科技前沿展开探索，也需要社会公众对前沿科学与新兴技术持有更理性的认识。

因此，促进科技创新资源科普化具有重要的意义。一方面，科技创新是

1　作者简介：梁偲，上海市科学学研究所副研究员，主要研究方向为科技管理、科技传播、科学普及。E-mail: liangsi@siss.sh.cn。
　　游文娟，《世界科学》编辑部主任，上海市科技期刊学会科普期刊专业委员会副主任委员。
　　樊春海，中国科学院院士，上海交通大学化学化工学院院长，教授，上海市科学技术普及志愿者协会理事长，主要研究领域为分析化学、化学生物学、DNA 纳米技术等。
　　基金项目：上海市科技发展基金软科学研究项目"科技创新成果共享与科普转化的策略与举措研究"（项目编号 22692116802）。

科学普及的重要源泉，科技创新能够丰富科普资源，更好地服务科普活动，增强科普能力，提升公众科学素质[1]。另一方面，科学普及也有助于促进科技创新，特别是多学科的协同发展和成果的转移转化。科普能够促进科学家的跨学科交流，激发创新思维和学科交叉合作；科普也有助于科技与各行各业间的交流，只有产学研互动连接，才能促进金融市场向科技创新成果抛出橄榄枝，有效推动产业化，进一步提升科技创新的社会效益。

目前，关于科技创新资源科普化的内涵并未达成共识，也还没有统一的界定。但我们应该认识到，科技创新资源的科普转化是一项系统工程：不仅要关注科技创新本身的知识，而且要关注科技创新背后的科学故事、科学方法、科学观念和创新精神；科技创新资源的转化不单单指科技论文、专利、专著、产品等科技创新产出资源的转化，也包括用于支撑科技创新发展的人力、财力、物力等科技创新投入资源的转化，还包括环境和生态系统的转化，如促进科技创新资源科普转化的政策法规、体制机制、文化氛围等[2]。

2 国外经验借鉴

2.1 在法律、政策、战略或计划中融入科普理念

美国把有关科技创新科普化的思想融入了国家法律和战略层面。《美国国家航空暨太空法案》对美国国家航空航天局（NASA）提出要"以最广泛、最适合的方式与手段传播有关活动，增进公众对航空航天活动的理解和参与"。NASA每年将超过1亿美元的资金用于科普教育[3]。欧盟的"地平线欧洲"战略规划的目标之一就是更好地创造和传播知识。"地平线欧洲"提出，要将欧盟的研究与创新更好地与社会和公民的需求联系起来，如制订"科学与社会行动计划"，激励科学家坚持开放科学，项目对公众开放，促进社会与公民的积极参与等[4]。一些国家也会在具体的科技计划中明确科普化要求，如英国粒子物理与天文学研究理事会鼓励科研项目承担者用1%的经费从事科普[5]；欧盟委员会要求重大科研项目的申请人必须就研究成果与公众进行交流；等等。

2.2 为科普成立专门的部门或团队，提供有效的服务

对于科技管理机构，英国研究理事会设置了独立的科学传播部门，对传播项目及经费进行管理[6]。美国科学基金委员会也设立了专门的部门进行科

学传播。欧盟为科研项目承担者提供科普指南或最佳实践，设立培训和讨论网站，以提升科学家的科普能力；举办科学传播大会[7]，促进交流与沟通。

对于科研机构或大学，NASA设立了科学任务理事会，负责统一管理传播方面的工作[6]。NASA下属的肯尼迪航天中心、阿姆斯特朗飞行研究中心等近10个航天中心分别都有自己的科普团队，他们与科学家、工程师一起合作开展各个中心的科普教育[8]。纽约州立大学石溪分校2009年设立了科学传播中心，该中心设置专业的科普项目和培训课程，以提高科学家的科普能力和沟通能力。

2.3 给予科学家充分的激励和支持

为表彰科学家、工程师、科学作家等在传播领域促进公众理解科学作出的贡献，许多国际组织、科学学会设立了一系列奖项[9]。有"科普界的诺贝尔奖"之称、由联合国教科文组织批准的卡林加奖每两年评定一次，该奖项不奖励研究，而是奖励致力于为公众解释科学、研究和技术的人。英国皇家学会有多个奖项：法拉第奖每年颁发给在以通俗语言交流科学思想方面具有代表性的科学家、工程师或科学作家；科恩奖每年奖励那些很好地与公众互动的科学家或传播者；科学图书奖聚焦优秀科普著作评选；2022年新增的研究文化奖则表彰在改善研究文化和环境方面作出杰出贡献的人。美国有国家科学委员的公共服务奖，科学促进会的公众参与科学奖，科学学会主席团理事会的卡尔·萨根公众理解科学奖，等等。这些奖项数量多、类型多、持续时间长，且覆盖官方与民间维度，形成多层次激励机制。

2.4 鼓励大学和科研机构开展活动，开放资源

国外一些基金会会为大学或科研机构与科普场馆的合作提供支持。为促进英国伦敦地区博物馆和大学之间知识的创新、分享与合作，博物馆-大学伙伴关系倡议（MUPI）将博物馆和大学聚集在一起，伦敦多所大学和伦敦博物馆团体（包括英国首都250家博物馆）参与了该项目，英国艺术委员会基金组织提供了资金。该项目的目的之一是建立博物馆与学校之间的合作关系[10]。此外，可通过开放科学进一步促进科技创新资源的科普转化。2021年，联合国教科文组织发布《开放科学建议书》。教科文组织自然科学助理总干事莎米拉·奈尔-贝杜埃勒（Shamila Nair-Bedouelle）呼吁对开放科学进行长期投资。开放科学包括开放科学知识、开放基础设施、加强科学传播、社会的开放式参与等[11]。这些措施为科学家与公众的交流与对话奠定

了基础，将进一步促进科学知识的传播。

3 上海科技创新资源科普化的实践

3.1 政策法规为科普转化工作保驾护航

2022年3月1日起实施的《上海市科学技术普及条例》中有不少与促进科技创新资源科普转化有关的意见。例如，高等学校、科研院所和职业学校应当建立健全科普工作组织和激励机制；利用财政性资金建设的重大科学工程、大科学装置、重点实验室等应面向社会开展多种形式的科普活动；利用财政性资金设立的科技计划项目应当及时普及项目的研究成果；鼓励科技人员积极参与和支持科普活动；等等。2018年年底，《上海市深化科技奖励制度改革的实施方案》发布，提出单设"科学技术普及奖"[12]。从2019年开始，上海市率先在科技奖评审中单设"科学技术普及奖"奖项，奖励那些在科普作品、科普展品、科普活动创作过程中作出重大创新、重要贡献的个人和组织。此外，上海市"科技创新行动计划"中设立科普专项项目，通过专门的科普经费资助开展一系列科普专项活动。如通过"一馆一品一课"专项，支持科普场馆结合自身特色打造一个成体系、可持续、影响力大、市民喜爱的科普品牌；开发主题鲜明，通俗易懂，科学性、新颖性、艺术性强的系列科普教育课程。

3.2 通过名人效应提升科技传播影响力

院士、科学大家等科学家开展科普除了具有权威性外，还能通过名人本身的"气场"吸引更多人关注，进一步放大科技传播的影响力。上海科学大师系列纪录电影《报国之路》《诗与真》《星河一叶》分别真实展现了科学大家吴孟超、严东生、叶叔华的精神印记。张文宏带头做科普起到了很好的示范作用，其领衔的项目"新冠疫情下的全民抗疫与健康生活科普"获得了2022年度上海市科学技术普及奖特等奖。大型科技访谈节目《未来说：执牛耳者》在上海电视台连续播出多年，展示了前沿领域科学大家、领跑者创新追索的不凡历程。上海科技节的"科学家走红毯"活动邀请德高望重的院士、一线科学家代表参与，成为弘扬科学精神、彰显城市创新品格的品牌活动。钱锋、樊春海院士等依托上海市科学技术普及志愿者协会，推动组建了院士专家科学诠释者指导团，聚集了一批来自上海交通大学、复旦大学、中国科学院等知名高校院所的科学、科普专家，形成了由300多名院士顾问专家、资深专家等组成的强大科普队伍，他们长期关注和支持科普事业，大力诠释科技新知识、新政策、新策略，在赋能科普和助力科技创新中发挥了重要作用。指导团创办的"海上科普讲坛"每周开讲，哔哩哔哩、腾讯视频、阿基米德、《世界科学》杂志等分别从线上和线下进一步延伸科学家做科普的影响力，"海上科普讲坛"同时推出丛书，使社会效应再放大，这样的多元传播矩阵形成了集上海科学界、科普界之力共同打造的科学性、前瞻性、开放性、公益性一体化的科普平台。

3.3 开放特色基础设施，形成多元的科普场景

上海有许多有特色的基础设施，如已建和在建的重大科技基础设施就达14个，包括上海光源国家重大科技基础设施、国家蛋白质科学研究设施、转化医学国家重大科技基础设施等。通过鼓励这些场所对外开放，开发适宜科普的内容，形成多元的科普场景，让公众亲历科学研究真实而完整的过程，更能够加深公众对科学的认知，同时也能提升科研人员的荣誉感和自豪感。如今，上海公众喜爱的辰山植物园，以及一些"国之重器"（如佘山天文台、上海光源等基础科学设施）都成了科普基地。上海光源从建成到现在不断积累和完善科普素材，从最初对光源的通俗介绍，逐渐发展为不断更新提升的多媒体展示，并以此为基础，提炼总结可重复使用的科普素材，进一步提升科普效果和科普工作的品质。在组织一线科研人员更高效地投身科普的过程中，也形成了一支科普专家队伍，累计接待参观公众超过4万人次[13]。

3.4 加强科技创新原创成果的科普转化

科技创新成果包括论文、专利、报告、产品等多元化的产出，它们是科学知识、方法、思想和精神的直接体现，也是适合进行科普的素材。上海前瞻性地布局了对重大科技创新成果进行普及的工作，并在全国开创性地以科普项目的形式资助上海牵头完成的获得国家科学技术奖和上海市科学技术奖的科技创新成果的科普转化。这类获奖成果既有引领性的前沿科学进展，又有面向人民实际生活需要的重大技术突破。选择适当的科技创新成果进行科普解读，有助于公众了解科学家的工作，理解这些创新成果的来龙去脉，弘扬科学家精神[14]。在科普项目的支持下，众多科技创新成果被转化为多样化的科普作品，进一步提升了原创成果的知晓度。例如，科普专项支持科研院所围绕重大科技成果开展科普宣传，包括围绕北斗、国产大飞机等以短视

频、微电影、舞台剧等形式进行科普宣传。

4 上海科技创新资源科普化面临的问题

4.1 对科研人员的激励机制有待完善

目前大部分科研人员参与科普工作主要是靠自己的兴趣，总体来说参与度低。一方面，科研机构的考核体系中有关社会服务或科普的评价机制较少，虽然上海市卫生健康委员会已把科普工作纳入绩效考核，很多医院和医生都开展了面向社区、民众的健康科普，但上海大部分科研机构的项目申请、奖项评定、职称评审仍然是以论文、专利、项目的数量等作为评价指标。另一方面，如前文提到的，发达国家设有较多科普相关的奖项。相比之下，上海设立的科普奖项还不够，虽然上海已从 2019 年开始在科技奖中单设"科学技术普及奖"，但科普奖项所占的比重略低，需要进一步增设多元化的奖项，并加大奖励力度。事实上，外部的激励（如获得经费资助、有助于职称晋升、得到社会认可等）可能是科研人员最需要的激励点。

4.2 提供的科普转化服务有待提升

目前，大部分科研管理或科研机构都缺少专门的科普团队，人力、物力、财力都缺乏保障。由于缺少科普团队，无法提供专业的科普转化服务，也无法有效建立科学家与媒体、公众的桥梁，很多科研人员不知道通过什么平台来开展科普活动[15]。目前大多数科研项目结题后只是在网站上发布一则新闻，内容过于简单或专业性较强。常态化、可持续的科普机制缺失，是科研进展、创新成果不能及时转化并广泛向公众传播的重要原因之一。

4.3 开展科普的专业能力有待提高

一方面，上海高质量科普人才数量严重不足。目前上海科普人员中拥有大学本科及以上学历或中级以上职称的科普人员占比只有 65% 左右，只有少数高校开展了硕士及以上学历高层次科普人才的培养。例如，华东师范大学在教师教育学院科学与技术教育专业设立科学传播、青少年科技教育研究方向，授予教育硕士学位[16]；复旦大学在新闻传播学院设立了科技传播研究方向；上海交通大学在媒体与传播学院开设了科技传播专业和科技传播通识课程。不过，这种挂靠于教育学、新闻传播、哲学等专业下的人才培养，师资力量及研究与教学基础还有待进一步加强，甚至很多高校还没有设置科技传播研究方向。专业教育的缺失造成了上海高质量科普人才的缺乏。另一方面，科研人员的科普能力也亟待提升，大多数科研人员缺乏把复杂科学问题用易于理解的方式简化输出的能力，缺乏表达、互动、交流、传播的能力以及与互联网相结合的思维。

4.4 对科普重要性的认识有待加深

全社会对科普的重要性认识不够，对科学普及服务国家创新发展的重要地位认识不到位。科学家既是科技创新的主体，也应负有科学普及的责任，但许多科研人员都认为科学家就应该只搞科研，做科普则会影响科研工作；还有些科研人员在内心深处看不起做科普[17]。这种态度既造成了科研人员对科普的积极性不高，也造成了科研单位对科普的重视程度不够。事实上，科普不是一个部门、一个群体或一些人的事，科普是全社会的共同责任。随着国家和政府对科普越来越重视，科普工作的触及范围越来越广，上海公民的科学素质已接近欧美等发达国家公民具备的科学素质水平。为了适应新时代的科普，全社会对科普规律的理解也需要从传统的公众接受科学向公众理解科学和公众参与科学转变，这种大科普的理念应率先在上海树立起来。

5 优化科技创新资源科普转化的思路及对策

如今，科学普及已与科技创新前所未有地紧密联系在一起。为进一步优化上海科技创新资源的科普转化，应该针对上述提到的诸多问题和短板有针对性地采取措施。

5.1 探索完善科研人员的评价和激励机制

进一步落实《中华人民共和国科学技术普及法》以及《上海市科学技术普及条例》中提到的政策：鼓励高校、科研院所、医疗机构、职业学校、中小学校等单位将科普工作纳入员工日常业务考核和评奖评优指标。探索针对不同年龄层科研人员参与科普的评价和激励机制，如对于年轻科研人员，建立科创—科普灵活转换的绩效考核与职称评定制度，可将具有一定点击量或影响力的科普文章或作品视作一篇论文，或将科普项目与科研项目、科普奖项与其他奖项视为享有同等权重。2023年，上海已在自然科学研究系列中开设科普专业职称评审，其中科普作品、科技传播相关的项目或奖项均可作为职称评定的业绩成果指标。这是一个好的开始，目前科普人员的职称评定还是放在研究系列中，未来可进一步探索形成独立的科普系列评审制度。对于年长的科研人员，可能更看重研究成果的社会影响，可在公众认可与社会荣誉上给予更多的考虑。一方面，政府加大科学技术奖中对科普项目和优秀科普人才的表彰和奖励；另一方面，完善社会化激励机制，鼓励科研机构自身、慈善捐赠等积极对在科普工作中作出重要贡献的科研人员和组织进行表彰和奖励[18]。通过这些措施，使外部激励有效转化为内部驱动力，可以吸引更多的科研人员参与到大科普事业中来。

5.2 建立传播团队，畅通科创—科普转化之路

鼓励高校和科研机构建立形成科技传播团队，提供专门的科普服务。形成重大科研成果及项目进展的多元化公开发布制度，通过数字化发布平台（如网站、微信、微博等）发布详细的科研进展、科技成果、科学方法等；或开展科普创作，发布科普文章、科普图片、科普视频等；或举行线下会议、讲座、对话、咨询，如定期就最新的热门话题举行新闻发布会，搭建科学家与媒体、公众沟通的桥梁；或举办展览会，将科技成果展出，扩大科技成果的影响力；等等。通过科技项目的公开化促进科研过程的透明化，增加公众对科学的理解。形成常态化科研基础设施开放制度，定期向社会公众开放科研场所、实验基地等，让公众近距离接触和感受科学家的工作。建立强大的科技专家库，为公众提供科学而权威的信息，让科学家讲故事，讲科学家的故事。通过这些措施，让科研过程可见、可触、可感、可体验。

5.3 加强能力建设，提升专业化能力

第一，加强科研人员的科普能力培训。通过培训让科研人员更多地了解科普的特征，学习面向公众的沟通技巧（如何开发和传递信息，如何接受媒体采访），学习科普创作等，提高综合科普能力。特别要支持科学大家做科普以及在上海的外国科学家做科普，他们的独特思维会对科普工作有很大启发。第二，加强现有科普人员的能力培训，充分运用新理念和新手段，不断创新科普形式；同时促进科普人员与科学家、工程师合作，提高自身的科学素养和科普专业素养，培育出一批高素质的科普团队。第三，高质量科普人才的发展是科普能力建设的核心，鼓励更多上海高校建立科技传播专业，开展科普专项研究，加强专业人才培育。科普有自身的理论体系，应探索建立更加适应未来科普发展需求的专业科普教育体系，培养一批"科技＋传播"

的复合型人才；同时也要培养一批科普理论领军人才，科学把握科普规律，明确全球科普发展趋势，强化理论研究与实践的结合，对上海的科普事业发展起到引领作用。

5.4 形成全社会支持科普的良好生态

在科技创新资源科普化的顶层设计上，无论是战略规划、政策法规，还是制度安排，都应在理念上考虑到科技创新与科学普及的协同发展，科学普及为科技创新奠定广泛而坚实的社会基础，科技创新为科学普及提供原创动力，二者相互促进、相互融合应成为共识。科技创新资源的科普转化也应有制度保障。在科普的社会性基础上，营造良好的社会氛围和环境，让科研人员认识到他们对科普的重要性以及科学对社会的影响，并以提高公民科学素养为己任，以参与科普工作为荣。同时，进一步发挥张文宏等榜样的力量和奖励表彰的作用，形成良好的科普生态。

6 结语

为了适应新形势和新要求，2023年4月，科技部组织起草了《中华人民共和国科学技术普及法（修改草案）》。2024年12月25日，十四届全国人大常委会第十三次会议表决通过新修订的《中华人民共和国科学技术普及法》（以下简称《科普法》）。《科普法》增加了新内容，其中不少与科技创新资源的科普转化相关。例如，第二十二到二十四条强调进一步强化科学研究和技术开发机构、高等学校、科技企业、自然科学和社会科学类社会团体等主体的科普责任；新增第四章"科普活动"，鼓励科学研究和技术开发机构、高等学校、企业等依托现有资源并根据需要建设科普创作中心，鼓励各类创新主体围绕新技术、新知识开展科普，对于国家部署实施的新技术领域重大科技任务组织开展必要的科普等；新增第五章"科普人员"，强调科技人员应当发挥自身优势和专长积极参与和支持科普，领军人才和团队应当发挥带头表率作用开展科普等。

2023年9月，国家自然科学基金委员会发布了《关于新时代加强科学普及工作的意见》，要求针对资助强度较大的项目，应围绕项目实施开展科普工作；针对资助强度较小的项目，鼓励科研人员在做好科研工作的同时积极开展科普工作，将科普成果列入项目成果中；同时各科学部应在专项中设立科普类项目。这是国家基金委首次发文对科技创新项目提出科普要求。

可以看出，科学普及正越来越受到国家的重视。我国近年来的科技创新快速发展，上海每年也有无数科技前沿突破和创新成果，因此促进科技创新与科学普及的转化与融合具有重要的意义，如何利用好科技创新资源，发挥好科技创新对科学普及的引领作用值得进一步深入研究和探索。2023年4月，上海交通大学成功获得2027年第19届国际科技传播学会（PCST）双年会主办权，这是中国首次成为PCST双年会的举办国。本次申办得到了来自北京大学、清华大学、复旦大学、浙江大学、同济大学等高校及院所的大力支持，大会的申办必将进一步汇聚各方科技创新资源，上海应抓住此次可以将科技创新资源充分进行科普转化的契机，讲好中国科技创新的故事，展现上海科技传播的魅力。

参考文献

[1] 王大鹏,黄荣丽.科技资源科普化的困境与出路——以学术论文与科普文章的衔接转化为例[J].科技与出版,2020(11):116-121.

[2] 黄荣丽,王大鹏,陈玲.新时期科技资源科普化的未来路径思考[J].今日科苑,2020(09):62-67+84.

[3] 张奇.美国青少年航天科普活动.中国科技教育[J].2020(06):8-10.

[4] 裴永刚,索煜祺.荷兰学术数据库"走出去"的国际经验及启示[J].编辑之友,2023(03):107-112.

[5] 刘立.发达国家如何做科普[J].发明与创新（大科技）,2014(10):30-31.

[6] 任福君,张香平.基础研究与科学传播相互作用探析[J].科普研究,2012,7(05):10-16+50.

[7] 重庆市科委科技计划项目中科普任务政策与机制研究课题组.我国科技计划项目科普化的规律及难点研究[J].科学咨询（科技·管理）,2014(01):4-5.

[8] 王霄,杭雨欣.NASA与商业品牌开展合作[J].国际太空,2019(11):50-53.

[9] 莫扬,彭莫,甘晓.我国科研人员科普积极性的激励研究[J].科普研究,2017,12(03):26-32+105.

[10] 戴军.英国的博物馆总有一款适合你[N].光明日报,2013-05-18(005).

[11] 郑思聪.联合国教科文组织通过《开放科学建议书》[J].科技中国,2022(05):102-104.

[12] 李健民.科技创新与科学普及融合发展的思考[J].安徽科技,2019(07):5-7.

[13] 李健民,王建平,张仁开.新时代上海科普发展战略研究[M].上海:上海交通大学出版社,2021.

[14] 《世界科学》编辑部,"赛先生"编辑部.走近科学——解读上海重大科研成果[M].上海:上海科学技术出版社,2021.

[15] 马宇罡,苑楠.科技资源科普化配置——科技经济融合的一种路径选择[J].科技导报,2021,39(04):36-43.

［16］ 董毅.人才培养质量视角下高层次科普人才培养模式探究[D].武汉:华中科技大学,2017.

［17］ 孙莹,芮文璐,刘杨琪.我国科研人员参与科普存在的问题及对策分析[J].中国科技信息,2022(16):150-151+154.

［18］ 张仁开,王愨超."十四五"时期上海科普人才队伍建设思路研究[J].科普研究,2021,16(06):42-49+114.

国际比较视野下我国科普人才队伍建设的问题与策略研究

◎ 陈永洁[1]

> **摘要** 在国际比较视野下，高质量的科普人才队伍需要有规范的准入机制、体系化的科普人才培养模式、多样化的在职培训、稳定的兼职科普人才队伍作为支撑。本文通过国际比较的视角审视我国科普人才队伍建设存在的问题。我国应该以培养职业与专业化科普人才为基础，并行建设社会化拔尖科普人才队伍为整体策略，扩大和加强专业化培养机构建设，研究和规范科普领域人才及机构的准入机制，完善科普人才在职培训体系，优化和健全科普人才培养机制，促进我国科普人才队伍高质量发展。
>
> **关键词** 国际比较；科学普及；科普人才队伍建设

习近平总书记强调科学普及与科技创新同等重要，这一论断为新时代我国科普工作的推进指明了方向，确立了基本遵循。科普人才是科学普及事业进步与公民科学素养建设的核心力量。为实施新一轮全民科学素质提升计划，全面提升公民科学素养，促进新时代科普事业的高质量发展，亟须培养一支高素质、职业化、专业化的科普人才队伍。当前，发达国家在科普人才的专业化发展、培养、在职培训等方面已经积累大量有效经验，本文通过研究发达国家的实践和有效经验，针对我国科普人才队伍建设存在的问题，提出促进我国科普人才队伍高质量建设的科学策略。

---

[1] 作者简介：陈永洁，创造思维（上海）科学技术研究中心执行主任，主要研究方向为中外科学教育、创新人才培养、教育科技人才一体化培养。E-mail：chen20100926@qq.com。

1 发达国家科普人才队伍建设的实践与经验

1.1 注重科普人才的专业化与职业准入

英、美、澳等发达国家均设有从事科学传播人才培养的专门机构,为英、美、澳等国提供了稳定的专业化科普人才。据不完全统计,英国有46所高校提供学位课程和培训课程,如英国伦敦帝国理工学院、西英格兰大学、卡迪夫大学、巴斯大学、格拉摩根大学、利兹大学、肯特大学等[1];美国开设科学传播人才培养课程的高校有30多所,如美国康奈尔大学、麻省理工学院、哥伦比亚大学、约翰霍普金斯大学、加州大学伯克利分校、卡耐基梅隆大学等[2];澳大利亚开设科学传播课程的学校也不少,如澳大利亚国立大学、昆士兰大学、西澳大学等[3]。

在注重科普人才专业性的同时,各国针对主体从事科普工作的人员有职业准入条件。英国政府推崇从事科普的从业人员(科研人员)为"双栖"专家,既掌握一门科学又能进行科普;法国科普从业人员必须通过法国国家遗产学院的培训,考核合格之后,才能进行科普工作;日本政府以立法的形式规定,从事博物馆专业的人员须持证上岗,且有完善的学艺员制度。另外,发达国家非常重视青少年的科普教育,其科普从业人员多数为科学家和教师,并且大多拥有博士学位,至少为学士学位。

从各国的科普工作实践来看,主体从事科普工作的从业人员,都经过系统性的课程培养(培训),展示出高素质、职业化和专业化的特点。

1.2 重视科普人才的专业发展

在促进科普人员专业成长方面,各国的政策导向与实施策略存在差异。为科学家及科普专业人员提供长期与短期的科普培训,旨在为其专业发展提供支持。培训内容涵盖科普写作、小组内部讨论、公众科普演讲及问答训练、科普模拟实践等多种形式,以增强科学传播能力。

英国皇家学会要求所有科学家都必须学会如何有效地向公众传播科学,要求所有的科学家通过培训,学会如何通过多种形式解释复杂的科学概念,把专业术语和知识化为通俗易懂的科普语言[4];美国国家科学基金会定期实施对科普工作者的系统化培训与培养计划,并确保资金的持续稳定性[5];日本文部科学省亦频繁组织科技博物馆工作人员的业务能力提升培训,以增进其专业技能，确保年度继续教育计划的连续性[6]。

通过这些多样化的培训项目，各国政府和相关机构为科普专业人才的专业发展提供了有力支撑。这些培训不仅提升了科普人员的科学传播能力，还增强了他们在公众中的影响力，从而推动了科学知识的普及和公众科学素养的提升。

1.3 打造完善的科普人才培养模式

审视主要发达国家，可见其已构建出一系列具有代表性的科普专业人才培养模式。这些模式各具特色，均为本国的科学传播事业提供了坚实的支撑。

法国在培养专业科普人才方面，采取"培养、就业一体化"的模式，不仅在高校开设科学传播硕士课程，而且还在校内专门成立科普部门，为科普人才创造就业机会，同时为科研团队做好科学传播工作[7]；英国高校既提供学位课程，也提供培训课程，且课程与社会需要深度融合，培养跨学科复合型人才，培养模式分为两类，一类强调理论与实践并重（如伦敦帝国理工学院），另一类强调学科的基础性（如利兹大学）[8]；美国高校科学传播学位课程覆盖本科、硕士和博士三个阶段，课程以市场需求为导向，专业强调细分化，培养模式概括起来有两种，一种注重实践（如斯坦福大学），另一种注重专业（如康奈尔大学）[9]。

总体上看，不同国家的培养模式各有特点，但都致力于培养具有专业素养和实践能力的科普人才，以满足社会对科学传播的需求。

1.4 构建稳定的科普志愿者人才队伍

科学普及志愿者作为推进科普事业发展的关键力量，其高效的组织结构对于高质量科普活动的实施发挥着不可或缺的作用。

美国拥有大量科普志愿者，并在科普志愿者的管理机制及活动实施方面积累了丰富的经验，尤其在科普志愿者管理方面所具备的规范化准入与退出机制、较为健全的奖惩体系、便捷的报名途径以及多元化的活动模式等都是宝贵的有效经验。首先，美国《国内志愿服务修正法》《国家和社区服务法案》《志愿者保护法》《联邦志愿者保护法》等多部法律，为志愿者开展志愿服务保驾护航；其次，科普志愿者经登记、培训考核认证后，可以根据自身的专业优势和兴趣选择服务岗位，开展课外指导、研讨会、讲座、科技馆服务等工作，也可以在中途终止志愿服务，规范的准入与退出机制能保障志愿者服务有效运行；最后，为了激励志愿者积极参与，美国还建立了相应的奖励机制，根据志愿者的服务情况，他们可以获得学分、政府颁发的奖章以及其他形式的表彰。这些奖励不仅体现了对志愿者工作的认可，也进一步激发了他们投身科普事业的热情。通过这些有效的管理措施和激励机制，美国的科普志愿者能够更好地发挥其在科普事业中的关键作用，为社会的科学普及工作作出了重要贡献[10]。

稳定的科普志愿者队伍对于推动和促进科普事业的发展具有至关重要的作用。这些志愿者们凭借热情和专业知识，不仅能够普及科学知识，提高公众的科学素养，还能吸引更多的人参与到科普工作中来，促进科普事业的繁荣和发展。

2 我国科普人才队伍建设的主要问题

2.1 科普从业人员准入制度不完善，科普志愿者机制不健全

当前，我国科普领域从业人员的准入机制尚未得到充分发展和完善，没有严格的审查和监管机制，也没有相应的考核标准和认证程序，无法确保科普从业人员具备必要的专业知识和技能，这导致了一部分怀有其他不良目的的组织和个人涉足该领域，他们不仅缺乏相应的专业资质，也没有专业的知识背景，此类现象可能对科普工作的品质与成效产生不利影响。

在科普志愿者体系方面，我国尚未建立完善的组织架构和管理策略，无法充分发挥志愿者的潜力，也没有建立科普志愿者数据库，对科普志愿者的技能和兴趣进行分类管理，无法更好地将他们与不同类型的科普活动匹配起来，进而影响了科普活动的广泛推广和深入实施。同时，我国也缺乏对科普志愿者的系统培训和指导，不能帮助他们提升自身的科普能力和沟通技巧，使其在科普活动中发挥更大的作用。此外，我国还缺乏健全的激励机制，不能很好地激发志愿者的积极性和参与热情，因此难以推动科普事业的广泛推广和深入实施。

2.2 科普从业人员专业传播能力发展有待提升

科普从业人员的专业素养和能力是决定科普成效至关重要的因素，他们必须不断提升自己的专业技能，以确保科普事业能够持续发展。这一群体需要在知识储备、信息传播技巧以及交流能力等多个方面进行持续的自我完善

和学习。只有通过不断地努力和提升，科普从业人员才能更好地满足科普工作的需求，向公众提供高质量的科学普及服务。

然而，目前在我国，针对科普从业人员的培训体系还不够完善，培训机会相对较少。现有的培训课程大多集中在理论知识和政策法规上，在传播技能等具有实际操作性的培训课程设置上却显得不足。面对科学技术的快速发展和公众需求的多样化趋势，仅仅依靠个人的努力来提升专业素养和技能，已经难以在科普传播实践中灵活应对各种复杂多变的情况。因此，建立一个更加完善和系统的培训体系，提供更多的实操性培训课程，对于提升科普从业人员的专业素养和技能，进而推动科普事业的发展，显得尤为迫切和重要。

2.3 高层次科普人才培养培训模式有待创新

尽管我国对科普人才培育工作予以高度重视，并投入了一定的资源，但该领域建设仍不足，目前尚处于探索与发展阶段。同时，相关政策支持体系亦未臻完善，尚需进一步改进与加强。总体而言，科普人才培养体系缺乏系统性设计与全面规划，且当前培养规模小，培养过程呈现出一定程度的零散性和不连贯性。

在高等教育体系中，科普专业尚未被正式确立为独立的一级或二级学科，而是隶属于教育学、新闻传播学或艺术学等学科。此种现状导致培养目标出现偏差——科普专业学生需在其他学科框架下学习，在专业知识与技能掌握上易产生偏差。此外，由于缺乏独立学科地位，科普专业的课程设置与教学资源相对有限，进一步影响了培养效果。

3 国际视野下我国高质量科普人才队伍建设的策略

3.1 规范准入机制，建立科普人才资格认证体系

为确保科普工作的品质与成效，构建一个标准化、科学化、高效化的科普人才资格认证体系显得尤为关键，该体系旨在为科普工作的顺利推进提供坚实的人力资源支持。针对当前及未来科普从业人员，需对其专业背景、知识水平及实践经验进行全面的评估与认证，确保其具备从事科普工作的相应能力和素质。

首先，明确科普从业人员的准入标准，包括从事科普工作的人员必须满

足的基本条件，如学历、专业背景以及相关工作经验要求等。同时，应依据不同科普领域及岗位需求进行具体化规定，以选拔出最适宜的人才。其次，建立一套科学的认证流程，应包括对科普人才的系统培训与考核。培训内容应广泛涵盖科普理论、方法论及技术应用等领域，旨在提升其专业素养与实践技能。考核则应采取理论测试、实际操作及案例分析等多元化形式，全面评价其综合素养与能力水平。此外，建立持续的监督与评估机制，对已获得资格认证的科普人才进行定期考核与评估，确保其在工作中持续保持卓越表现。对于表现欠佳或不符合标准的个体，应及时采取提醒、指导或取消其资格认证等措施，以保障科普人才队伍的整体素质。

3.2 建立培训基地，完善科普人才能力发展支撑体系

加速构建科学、高效、可持续的科普人才继续教育培训体系，对于科普事业的发展具有至关重要的意义。该体系旨在通过科普人才培训基地的支撑作用，提升科学家、专职科普从业人员、科普志愿者以及科技记者等不同类别科普人才的科普能力、专业技能和职业素养，进而对科普事业的整体发展产生深远影响。

建议人力资源和社会保障部门与业务主管部门共同成立联合办公室，对各科普人才培训基地实施监督和指导。此举旨在确保培训内容和质量既符合行业标准，又满足不同科普人才的实际需求。同时，引入第三方评估机构对各科普人才培训基地的培训效果进行客观评估，并依据考核结果动态调整基地的科普人才培训资格，以保证培训效果的持续优化和提升。

3.3 加强培养机构建设，培养高素质科普人才

高素质科普人才对于科普事业的高质量发展具有决定性作用，因此迫切需要强化相关培养机构的建设，全面提升其综合教育实力。为实现这一目标，必须增加对培养机构的财政投入，改善教学环境，加强师资队伍建设，吸引具备丰富实践经验的科学家、科普作家以及科学传播专家参与教学工作。同时，优化课程设置，引进先进的教学和科研设备，为培养高素质科普人才提供坚实的支持。

参考国际上成熟的科普人才培养模式，加强与科研机构、企业及社会组织的合作，构建多方参与的培养机制。通过与科研机构的合作，培养对象能够接触最新的科研成果，掌握前沿科学知识；与企业的合作有助于培养对象了解科普产品的开发流程及市场运作，增强其市场意识和商业技能；与社会

组织的合作则能使培养对象参与各类科普活动，提高其组织协调和沟通交流的能力。

参考文献

[1] 明均仁,冯姝惠,朱家敏,等.国外高校开展科普服务的现状及其对中国的启示——以英国46所高校为例[J].科技创新发展战略研究,2024,8(04):59-66.

[2] 程华伟.中美高校科学传播专业教育比较研究[D].郑州:中原工学院,2017.

[3] 杨俊朋.美、英、澳大学科学传播教育发展现状及其对中国的启示[D].北京:中国科学技术大学,2009.

[4] 李天民,潘雪婷,路欢欢.国外科普工作概况及对我国的启示[J].科技传播,2021,13(13):17-20.

[5] 陶丹,杨杰,赵芳芳,等.美国科学教育研究资助体系分析及其启示[J].中国科学基金,2024,38(02):271-278.

[6] 王蕾.日本国民科学素养框架体系的构筑[J].科普研究,2012,7(03):37-41+87.

[7] 王欢欣.法国:自上而下多方协同科普[J].上海教育,2021(24):28-30.

[8] 杨正.英国典型高校科学传播硕士专业课程设置情况调查与分析[J].科普研究,2020,15(04):76-83+108-109.

[9] 王岩.美国高校科学传播人才培养模式研究——以美国威斯康星大学生命科学传播系为例[J].科普研究,2014,9(03):65-74.

[10] 姜辰凤,姜萍.美国科普志愿者的建设经验及启示[J].科普研究,2019,14(01):80-86+111.

基于人工智能的个性化科技传播模式研究

◎ 任咪咪[1]

摘　要　本文探究人工智能技术对科技传播的个性化发展所带来的深刻变革，旨在为我国科技传播的高效、精准发展提供一定的参考。本文从技术赋能的视角出发，详细阐述了个性化科技传播模式基于人工智能的构建设计，并在此基础上，列举了人工智能技术在该模式中的具体应用案例。研究发现，人工智能技术在科技传播模式中具有高效生成个性化科技传播内容、科技传播内容的跨模态整合、科技传播内容的精准推荐与分发以及智能互动与反馈等优势，在个性化科技传播模式中使用的主流技术，包括自然语言处理技术、数据挖掘技术、智能推荐技术和机器学习，可以更好地助力个性化科技传播模式发展。因此可以说，在信息化时代，科技传播可以利用人工智能技术更加精准地定位目标受众，实现信息的个性化推送。例如，AI 辅助内容营销通过深度挖掘与智能分析海量数据，精准识别目标受众的需求、兴趣与行为模式，从而实现个性化推送。同时，智能推荐系统利用算法与数据分析技术，基于用户历史行为、偏好和特征提供个性化内容，大大提高了用户发现新内容的效率。此外，实时监测用户的反馈和互动情况，为传播者提供及时、准确的反馈数据，可以帮助其调整传播策略，优化传播效果，推动我国的科技传播事业不断向前发展。

关键词　人工智能；科技传播；变革

---

[1] 作者简介：任咪咪，助理研究员，上海元钥文化传媒有限公司、"不刷题的吴姥姥"团队负责人，第十六届上海市大众科学传播新锐人物，中国科学学与科技政策研究会会员、上海市科学学研究会会员、中国科普作家协会会员、上海市科普作家协会会员，主要研究方向为新媒体科学传播、科学传播研究和普及、企业管理等。E-mail：1142807553@qq.com。

长期以来，我国高度重视科技传播与普及工作，视其为推动国家科技进步、提升全民科学素养的重要途径。尤其是近年来随着信息技术的迅猛发展，政府与社会各界更加注重新技术与科普的深度融合。人工智能作为21世纪最具革命性的新兴技术之一，以其强大的自主生成能力、深度学习能力以及高效的数据处理能力，为科技传播领域带来了前所未有的机遇与挑战[1,2]。在人工智能技术的推动下，科技传播内容的生成方式与传播模式发生了深刻的变化，同时也催生了新的科技传播渠道，使科技传播成为一个更为复杂的个性化的生态体系。因此，本文深入探讨了人工智能如何重塑科技传播的格局，通过智能推荐系统、自然语言生成技术等手段，显著提升了信息筛选和推荐的效率，同时在科学内容生成上展现出巨大潜力。通过深入分析人工智能技术在个性化科技传播模式中的实际应用，我们希望能够为促进人工智能更好地赋能科学普及与科技传播的实践工作提供理论启示与参考。同时，我们也期待通过本文的研究，激发更多关于科技传播与人工智能融合发展的思考与探索，共同推动中国科普事业的繁荣发展。

1 人工智能在个性化科技传播领域的应用优势

随着人工智能技术的不断发展和深度融合，科技传播模式正经历着一场深刻而全面的变革。人工智能作为一种前沿的科技力量，融合了深度学习、自然语言处理、大数据分析等多个核心技术，展现出独特且强大的功能特性，逐步改变着我国科技信息的传播格局[3]。

在科技传播领域，基于人工智能的个性化传播模式展现出了前所未有的应用优势，主要体现在以下几个方面：（1）高效生成个性化科技传播内容。自然语言生成技术依据精确的数据和参数，能够自动生成或辅助生成专业精准的科技内容，尤其在科技动态、科技成果等结构化信息中，其卓越能力尤为显著。此外，人工智能还能基于用户的兴趣偏好和历史阅读记录，快捷高效地定制出个性化的科技传播内容，为用户提供个性化的科技信息传播服务[4]。（2）多模态融合丰富内容呈现方式。凭借先进的算法与强大的计算能力，人工智能技术实现了科技信息的跨模态融合与智能化处理。在这种技术的支持下，科技传播不再局限于单一的文字形式，而是融合了文本、图像、视频、音频、游戏、代码、3D内容等多种信息模态，创造出丰富多样的传播形式。多模态融合呈现强化了科技信息的直观性与趣味性，降低了理解难度，让深奥的科技知识变得平易近人，从而加速了科学知识的普及，提升了公众的科学素养[5]。(3)科技传播内容的精准推荐与分发。借助深度学习算法与大数据分析，科技传播平台能精准捕捉用户偏好，智能推荐个性化内容，满足每位用户的独特需求。个性化传播不仅大幅提升了阅读效率，让用户迅速锁定感兴趣的内容，还激发了更多人对科技内容的热爱与探索。(4)智能互动与反馈。人工智能的互动技术（如智能问答系统、聊天机器人等）为公众提供了一个即时、高效的科普解答平台。想象一下，当公众对某一新兴科技概念或研究成果感到好奇或产生疑问时，他们不再需要费尽周折地搜索各类资料，也不必等待专家的专门解答或科普文章的发布。相反，他们只需在搜索引擎中输入相关关键词，人工智能系统便能迅速地从科学期刊数据库、学术论文、新闻报道等多种信息源中搜集、整合相关信息，并基于这些数据生成一份详细、准确且易于理解的解释或科普的个性化文章。这一过程实现了高度的自动化，能够在极短时间内迅速完成，从而显著缩短了公众获取科普知识的周期。同时，这些智能互动平台还充当着"桥梁"的重要角色，它们既为公众提供了便捷的科普服务，又为科技机构搜集了大量真实的用户反馈数据，涵盖了公众对科技信息的兴趣点、理解程度及潜在需求，进而助力科技机构不断优化传播策略，提高传播效率，确保科技信息能够更精确、高效地触达目标受众。

2 基于人工智能的个性化科技传播模式的构建设计

"基于人工智能的个性化科技传播模式"是一种新型的传播模式，异于传统传播模式的同时又与其紧密联系。在"基于人工智能的个性化科技传播模式"的构建设计中，需遵循用户导向、精准匹配、内容丰富和互动反馈的原则，对整个构建过程进行精细规划，依次经历需求调研、策略制定、技术集成、测试验证与持续优化五个核心阶段。

需求调研阶段主要是深入了解目标受众的科技信息需求，识别其兴趣偏好、认知习惯及信息获取渠道，据此选定具有广泛吸引力和时代意义的科技传播主题。主题的确立可围绕科技前沿、社会热点或公众关切点展开，旨在激发受众兴趣，引发广泛讨论。

策略制定阶段主要是对科技传播内容进行深入分析，评估各科技主题的教育价值、社会影响力及传播潜力，形成详尽的可行性分析报告。此阶段需精选与主题紧密相关且公众易懂的科技内容，并兼顾技术实现的可行性，确保所选内容既能契合传播需求，又能提升经济效益，同时避免资源浪费和低效投入。

技术集成阶段需要依据策略制定阶段的成果，设计个性化的科技传播系统架构，整合文本、图像、视频等多元信息模态，并嵌入智能问答、互动反馈等功能模块，实现科技信息的个性化定制与精准推送，同时确保系统界面易于操作，以提升用户体验。

测试验证阶段是对构建好的个性化科技传播系统进行全面的模拟仿真与内部测试，识别并解决系统运行中的技术障碍与用户体验问题，旨在通过模拟不同用户场景，调整优化用户界面设计，确保系统能够准确理解用户意图，提供高质量的个性化科技信息服务。

持续优化阶段则是将系统投放至部分受众群体中进行实际测试，广泛收集用户反馈与建议。在此阶段，科普专家、技术团队及用户代表携手对系统进行迭代升级，强化智能化、个性化服务，提升用户满意度，确保"基于人工智能的个性化科技传播模式"能紧跟科技与社会发展的步伐，促进科技与公众的深度融合互动。

3 个性化科技传播模式实现的技术应用

就"基于人工智能的个性化科技传播模式"的实现而言，技术支撑是不可或缺的关键。在此背景下，明确并优化技术应用，对于确保个性化科技传播模式的有效运行与持续创新至关重要。随着人工智能技术的快速发展，特别是在自然语言处理、数据挖掘、智能推荐和机器学习等领域的进步，人工智能技术已经显著变革了科技传播的模式。例如，在舆情监测方面，人工智能技术能够对大量文本进行高速处理，自动提取关键信息并分析舆情态势，从而为舆情监测和舆论引导提供全新的解决方案。在文化与传媒领域，智能推荐算法通过分析用户的行为数据和兴趣特点，为用户提供了个性化的推荐内容，从而提升了用户体验和内容的个性化定制质量。此外，人工智能技术在媒体传播中的应用，如自动化新闻撰写、编辑和发布，以及个性化新闻内容推送，都极大地提高了媒体传播的效率和质量。

3.1 自然语言处理技术

自然语言处理技术在个性化科技传播中发挥着核心作用，它使计算机能够理解、分析和生成人类语言，从而精准捕捉用户对科技信息的需求，进而实现科技内容的个性化推送与定制等功能。自然语言处理技术在个性化科传播模式中的应用，主要涉及以下几个方面[6]。

第一，提高内容质量，实现个性化内容定制。在科技信息传播的内容层面，自然语言处理技术发挥着举足轻重的作用，确保了信息的准确性、权威性和创新性。它紧密追踪科技领域的最新动态与前沿突破，对新技术、新理论展现出高度的敏感性和深刻的洞察力，确保能够迅速且精准地将最新的科研成果和创新理念传递给广大用户。借助个性化的用户兴趣模型，自然语言处理技术能够智能筛选并整合科技信息，精心打造符合用户个性化需求的内容，从而实现科技信息的个性化精准送达。这一过程中，不仅保证了信息的丰富性和深度，还极大地提升了用户体验，使得科技传播更加高效、精准且富有成效[7,8]。

第二，情感倾向分析，助力个性化推荐。自然语言处理技术还能就用户对科技内容的情感倾向（如积极、消极或中立）进行深度分析，这有助于进一步细化用户画像，实现更加精准的内容推荐[7]。例如，用户若对编程基础入门教程及实战案例兴趣浓厚，系统将推荐更多深度报道、专业解读及进阶教程；若对高级编程技术产生探索欲，则推荐最新编程语言特性、算法优化技巧及人工智能应用实践等内容，精准满足用户当前需求与科技认知水平，提供定制化优质内容。

第三，智能问答，促进科技知识的深度传播。在数字化时代，科技传播不再仅仅依赖于传统的单一渠道和静态内容，而是向着更加个性化、智能化的方向发展。传统的科技传播模式是以静态的内容布局和固定的目录结构进行单向传播，人们在面对浩瀚的信息时常常感到茫然、不知所措，如果想找到感兴趣的内容就需要花费大量时间和精力去筛选。这种模式不仅效率低下，而且难以确保科技信息的精准推送，导致许多高质量的内容被埋没在无关信息的洪流之中，难以触达真正需要它们的受众。自然语言处理技术在智能问答系统中的应用，使得科技传播平台能够即时响应用户的疑问，提供个性化的解答[8,9]，实现了从"人找信息"到"信息找人"的转变，还促进了科技知识的深度传播。例如，基于自然语言处理技术的聊天机器人可以根据用户提出的问题，从科技数据库中检索相关信息，提供个性化的解答服务。

3.2 数据挖掘技术

数据挖掘技术可用于对用户兴趣进行深度挖掘与分析。传统信息传播模式长期依赖"一对多"的广播方式，确保信息广泛覆盖，但缺乏针对性。数据挖掘技术则通过分析用户浏览历史、搜索记录及社交媒体互动情况，精准挖掘其科技兴趣点。该技术既能捕捉用户表面行为特征，又能揭示其潜在的深层次的科技需求。基于这些深度挖掘的结果，我们可以构建出个性化的用户兴趣模型，为后续的内容推荐提供精准的目标导向。相较于问卷调查、人工统计等传统方法，数据挖掘技术省时省力，且能更全面地捕捉用户需求。数据挖掘技术以其自动化、智能化和高效性，为个性化科技传播提供了强有力的支持[10]。

此外，数据挖掘技术还能够助力科技传播平台优化内容布局和推送策略[11]。当前，许多社交媒体平台都采用了基于数据分析的个性化传播策略。基于对不同用户的科技内容偏好及反馈的深入分析，数据挖掘技术能够揭示科技传播的热门话题和发展趋势，助力平台精准调整内容策略，确保推送内容与用户需求紧密贴合。例如，利用数据挖掘技术，平台可以识别出用户对绿色新能源领域的关注热度，从而加大对该领域内容的投入和推送力度，进而吸引更多用户关注和参与。

个性化科技传播模式下，数据挖掘技术进一步实现了对科技传播内容影响力的客观、量化评估。通过对这些文章、视频的阅读次数、分享次数、评论数等数据进行分析，数据挖掘技术可以量化科技传播内容的影响力和传播效果，为编辑和读者提供有价值的参考信息。此举不仅提升了科技传播内容的质量与影响力，还极大地促进了科技知识的广泛普及与用户间的深入交流。

3.3　智能推荐技术

智能推荐技术是通过深度分析用户的历史行为、兴趣偏好及潜在需求，从而精准地为用户推送符合其个性化需求的内容的技术。这一技术作为人工智能领域的一项重要应用，正逐步渗透并革新个性化的科技传播模式，不断地提升科技传播的效率和效果[12]。

在个性化科技传播模式中，智能推荐技术利用先进的算法模型，如深度学习、协同过滤等，对用户的海量数据进行深入挖掘和分析，构建出用户与科技内容之间的精准匹配关系。这种匹配机制不仅依据用户的历史浏览记录、点击行为及收藏偏好等直接数据，还深度整合了用户的兴趣倾向、专业范畴及学术根基等多重视角，进而实现了对用户需求的透彻洞察与精确把握。以谷歌学术为例，它能对读者的搜索和下载行为进行细致分析，智能推荐系统据此能够精准地根据用户的阅读历史和兴趣偏好，推送相关且引人入胜的文章和期刊，使用户得以迅速获取有价值的信息。同时，智能推荐技术进一步推动了内容的精确送达，极大地增强了内容的可见度与传播效能。此外，智能推荐技术还助力科技传播的多元化与包容性建设。通过算法的优化和调整，系统能够为用户推荐来自不同领域、不同观点的科技内容，从而拓宽用户的视野和认知边界。这种多样性的推荐不仅有助于用户形成全面的科技认知，还能够激发用户的创新思维和跨界合作的可能性。尤为值得一提的是，在个性化科技传播框架下，智能推荐技术更展现出自我优化与持续学习的卓越能力。系统能够根据用户的反馈和行为变化，不断调整和优化推荐策略，以适应用户需求的动态变化。这种自适应的学习机制使得智能推荐系统能够持续保持推荐的精准度和有效性，为个性化科技传播提供强有力的技术支持。

3.4 机器学习

机器学习是人工智能领域中计算机自主学习和改进的技术。在个性化科技传播模式中，这一技术让计算机具备自主学习和改进的能力，不仅帮助编辑和读者更深入地理解和预测科学现象与趋势，还极大地丰富了科技传播的手段和形式。

在个性化科技传播模式中，机器学习技术与自然语言处理技术和图像识别技术等结合，对科技论文的内容和结构进行深度分析和精准处理，最大程度实现科技研究数据和论文成果的可视化、可读性和易懂性[13]。例如，Springer Nature 旗下的期刊就采用了名为 NanoMine 的可视化平台，该平台能够利用机器学习技术对纳米技术的研究成果进行深度挖掘和可视化展示，使读者能够更直观地理解复杂的科学现象和实验结果。在化学、材料科学等科研领域中，ChemReader 等工具凭借强大的图像识别能力，可以将学术论文、专利等文献中的化学结构图片自动转换成数据信息格式，方便科研人员进行数据分析和研究。此外，机器学习技术在个性化科技传播中还催生了许多创新的应用场景。例如，百度研究院推出的智能创作平台能够根据一篇现成的图文链接，利用机器学习技术进行主题分析、语言重组和素材搜寻，在短短 10 分钟内就能生成高质量的科技短视频。这种技术不仅满足了科技期刊快速传播科技讯息的需求，还为读者提供了更加生动、直观和易接受的科技内容形式。

4 人工智能在个性化科技传播上的展望

基于人工智能的个性化科技传播在推动科技信息的精准送达与深度互动

方面具有显著优势与广阔前景。展望未来，随着人工智能技术的持续进步与广泛应用，个性化与智能化的科技传播服务将迈向更高层次，实现前所未有的精准度与智能化水平。人工智能不仅将促进科技信息的开放共享，增强传播的透明度与公正性，还将进一步打破学科与文化的界限，推动科技传播的多元化发展，为科技创新与国际科技合作注入新活力[14]。

然而，基于人工智能的个性化科技传播在迎来机遇的同时，也将面临一系列挑战与问题。例如，在利用人工智能技术进行个性化内容生成与推荐时，可能会触及有关知识产权的敏感地带，引发版权争议。同时，过度依赖算法也可能导致内容同质化，降低信息质量与阅读体验。此外，个性化传播往往是基于大量用户数据的收集与分析，这些数据的安全防护成为重中之重，一旦遭受黑客攻击或数据泄露，将严重损害用户隐私与信息安全。在使用人工智能技术进行科技传播时，其算法的复杂性，特别是其决策过程的难以解释性，可能会导致公众对个性化推荐内容的信任度下降。算法偏见与数据歧视也是不容忽视的问题，它们可能源于训练数据的不均衡或人类主观因素的干扰，进而影响推荐内容的公正性与准确性。技术层面的局限同样值得关注，如自然语言处理技术在理解复杂语义、情感分析等方面的不足，可能导致传播内容出现误解或误导等[15]。

5 结语

在智能科技时代，以自然语言处理、数据挖掘、机器学习等为核心的人工智能技术，已成为科技传播领域的强大驱动力。对于传统的科技传播模式而言，依赖泛化内容与标准化传播的时代已渐行渐远。当前，我们亟须积极探索"科技传播＋人工智能"深度融合的新模式，将科技传播模式的革新与科技创新发展紧密结合，实现协同发展，共同繁荣。

参考文献

[1] 宋微伟.互联网时代人工智能对科技传播的冲击及其融合[J].科技传播,2019,11(03):131-132.

[2] 陈昌凤.生成式人工智能与新闻传播:实务赋能、理念挑战与角色重塑[J].新闻界,2023(06):4-12.

[3] 黄颖,杨蒿,汪道友.人工智能在科技期刊传播上的应用与展望[J].编辑学报,2023,35(S1):137-140.

[4] 李欣.人工智能技术在科学传播中的应用探索[J].科技资讯,2024,22(08):25-27.

[5] 代妮.人工智能在科技出版中的应用前景[J].传媒,2022(04):37-39.

[6] 王海宁.自然语言处理技术发展[J].中兴通讯技术,2022,28(02):59-64.

[7] 李治军.基于多任务学习的方面级情感分析技术研究[D].济南:齐鲁工业大学,2024.

[8] 陆毅.5G网络中自然语言处理在智能问答中的应用[J].中国宽带,2023,19(11):124-126.

[9] 雷钧涵,杨毛佼,杜静,等.基于自然语言处理技术的智能问答平台构建[J].信息技术与标准化,2022(Z1):68-73.

[10] 高艳冬.浅谈大数据技术在广电领域的应用[J].中国传媒科技,2018(04):59-61.

[11] 杨媛.大数据时代数据挖掘技术的应用[J].科技传播,2019,11(21):83-84.

[12] 党东耀,党欣.计算传播学视角下的智能推荐系统建构与算法治理[J].郑州大学学报(哲学社会科学版),2022,55(05):115-120+128.

[13] 胡泽文,任萍,崔静静.基于机器学习模型的科技论文潜在"精品"识别研究[J].情报学报,2023,42(02):189-202.

[14] 秦雪,王少朋,杨益,等.人工智能技术对科技期刊产业链的渗透与价值再造[J].中国传媒科技,2023(11):86-90.

[15] 李舒沁.生成式人工智能(AIGC)对科技传播的作用与挑战[J].中国科技产业,2024(05):50-52.

科研院所"双科"平台的融合创新模式探索
——国家化合物样品库案例研究

◎ 张 慧[1]

摘 要 本文以中国科学院上海药物研究所国家化合物样品库平台为例,介绍其推动"科技创新+科学普及"交叉融合、相生共赢的融合创新模式探索,助力积累科研科普融合发展的经验性举措,旨在帮助我国更多科研院所和其他平台提升科学传播力及综合影响力,构筑新时代大科普格局,为提升我国科学技术普及水平提供相关思路和经验。科研院所要发挥"国家队"专业领域的优势,以国际视野探寻科技传播新路径,努力肩负起科技创新和科学普及协同发展的引领责任,为世界科技强国建设提供强有力的支撑。

关键词 科研科普;科普人才;融合创新;国家化合物样品库

1 引言

党的十八大以来,习近平总书记多次对科普工作作出重要指示批示,《关于新时代进一步加强科学技术普及工作的意见》这一纲领性文件的印发,为新时代的科普事业厚植科学沃土,夯实了创新根基。"科技创新、科学普及是实现创新发展的两翼,要把科学普及放在与科技创新同等重要的位置"——以习近平总书记"两翼理论"为指导,以"同等重要"为原则,抢占科技创新制高点,提升科学普及传播力,发挥新型举国体制优势,融合创新发展模式,形成大科普战略新格局是必然的发展趋势。

---

1 作者简介:张慧,中国科学院上海药物研究所国家化合物样品库八级实验师,主要研究方向为化合物质量控制管理。E-mail: huizhang@simm.ac.cn。

2 构建科研科普"双科"融合发展平台

2.1 国家化合物样品库药物发现资源平台的建设

科研院所有着专业性、学术性强的科研成果和丰富资源。在保证科研工作正常进行的前提下,适宜地开放重大科技基础设施和整合现有的可传播的科学知识体系,建立融合高端科研资源的平台,推进科研科普融合创新发展是必然的趋势。以中国科学院上海药物研究所国家化合物样品库为例,该平台是中国科学院上海药物研究所、国家新药筛选中心和上海张江生物医药基地开发有限公司共同承建的一个坐落于张江"药谷"的药物发现资源平台,是目前亚洲最大、名列全球公共化合物库之首的化合物资源平台。其总储量已达235.8万种,先后为全国212家研究单位提供技术咨询服务,完成高通量筛选670.3万药次[1]。这个在"重大新药创制"国家科技重大专项支持下创立和运行的药物发现资源平台,采取新型"举国体制",整合全国优势资源,实行"核心库+卫星库"的组织形式,实施"开放创新、资源共享"的服务模式,为国内外客户提供高质量的专业服务,促进我国医药产业的可持续性发展。平台拥有包括自动化移液工作站、多功能酶标仪、高通量和高内涵药物筛选系统等在内的一大批先进仪器设备。如此先进的设备和丰富的科研资源可以助力打造围绕以"药物筛选知识体系"为科普内容的高水平科普教育平台,构建科研加科普"双科"创新性融合发展平台。作为国家科研机构下的平台,要时刻保持"国家队"的战略地位,进行高效的科学传播,对内能够凝聚发展共识、促进管理效能提升,对外能够树立机构形象、取得公众的理解和支持。在发达的融媒体生态下,唯有讲好自身故事、有效赢得价值理念的内外认同,才能更好地实现科技创新目标,在创新驱动发展中更好地发挥作用[2]。

2.2 整合优质"双科"资源,推广"全域"科普模式

2.2.1 建设具有科学传播力的科普平台,成立面向大众的公民科学素质教育基地

科研机构作为我国科普工作的主力军,应当更积极地建设具有科学传播力的科研平台,将丰富的科研资源转化为科普设施,专业的科研人员转化为科普人才,面向公众开展科学教育,促进科教融合。融合科研科普资源的

"双科"平台可围绕科研设施、科研成果，结合科学事件、科学家精神、社会热点等开展科普活动，成立以严谨的科学知识体系为主导，面向大众开放的公民科学素质教育基地。中国科学院历年来积极举办优秀大学生夏令营、"中国科学院公众科学日暨科技活动周"科普开放日系列等各类科普活动，打造了一系列面向不同年龄段公众、具有传播影响力的科普活动品牌。其中国家化合物样品库整合先进的实验设备和丰富的科研资源，建设了融合药物筛选知识体系的具有科学传播力的科普教育平台。实验基地常年对公众预约开放，2019年平台被授予"上海市浦东新区公民科学素质实践基地"的称号。平台以"科研＋科普相辅相成"的理念为核心，以实景操作展示阐明高通量筛选技术原理，以可视化融媒体演绎药物发现全流程链，形成系统性"药物筛选"科普传播体系的建设思路（图1）。

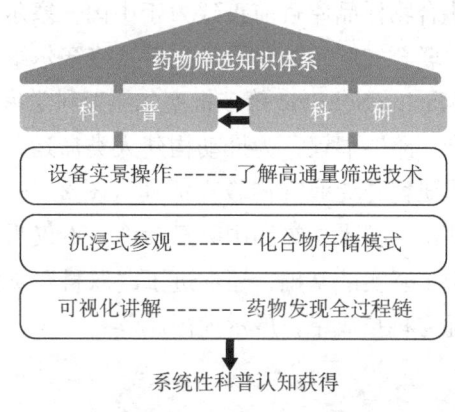

图1 药物筛选知识体系科普传播建设思路

国家化合物样品库的"双科"融合发展的传播模式形式多样，内容丰富，从以传统的青少年和大学生为重点科普人群扩大至面向全社会公民，旨在构建全方位、多层次、广覆盖的"全域"科普矩阵。平台参照"科创中国·院士开讲"栏目的成效和经验[3]，在科普活动中设置场景"互动形式"，从以往的单向科学知识讲解转变为融合交互的新模式，使各年龄段公众逐渐成为科普场景的参与主体，而非接受式客体，打破以往的单向输出，增进互动性和参与性，提升科普效果和影响力。

2.2.2 推动中外学术交流，提升国际传播效能

科学形象是国家整体形象的重要组成部分。习近平总书记指出："讲好中国故事，传播好中国声音，展示真实、立体、全面的中国，是加强我国国际传播能力建设的重要任务。"国家化合物样品库长期以来利用其先进的技术条件

和高超的研究水平，在世界卫生组织热带病研究和培训特别规划署和中国科学院"一带一路"等专项资金的支持下，积极培养掌握新药筛选技术的各类国际人才，涉及澳大利亚、丹麦、法国、日本、韩国等 18 个国家，不仅提升了我国科技教育的国际影响力，也解决了共建国家科技创新人才短缺的问题。

同时，自 2012 年正式运行以来，国家化合物样品库不断拓展国际传播的受众，涵盖中外社会各界人士，打破以往仅限于学术交流的"科学家们和业内人士"次元壁：先后接待了来自海内外政府机构、科研院所、高等院校及医药企业的官员、高管、科学家、企业家、投资家和媒体人士的访问达千余次（其中包括 7 位诺贝尔化学奖得主和 1 位诺贝尔生理学或医学奖得主），受到到访者的一致好评。

科研院所联合实验室的建设，也是提升我国国际化合作的新时代科普生态途径之一。国家化合物样品库目前正致力于中国—塞尔维亚天然产物与药物发现"一带一路"联合实验室的建设，先后接待塞尔维亚科学、技术发展与创新部助理部长 Marina Sokovic 等多批塞尔维亚科学家的到访并举行座谈会，推进落实"一带一路"倡议，为推动构建人类命运共同体贡献力量。这些双边和多边的合作研究与专业宣传教育活动（图 2）极大地提升了国家化合物样品库的学术地位、技术能级和国际显示度，不仅为今后"双科"平台的可持续性发展奠定了坚实的基础，还促进了"双科"资源共建共享，向世界分享更多的中国优秀科技成果，展示大国风范。

图 2　"一带一路"乌兹别克斯坦培训班访问团

2.2.3 线上资源网络共享,促进协同攻关和互惠双赢

平台创立和运营的"全国药物发现资源在线网络"(https://app.cncl.org.cn),共收集筛选模型 837 个,开放化合物结构 148.7 万种,注册用户超 2000 人,登录总数两万余次;可在线完成"化合物结构查询""化合物结构查重""筛选模型查询""筛选服务申请""化合物筛选申请"等功能。该网络平台将资源和技术有机地整合起来,全面激活、发挥和加强了全国新药筛选网络的作用,实现了"O2O"(online to offline),即"互联网+"的模式。全国药物发现资源在线网络(图 3)的搭建能够为海内外从事药物发现的科研人员提供专业化、跨地域和实时性的高通量筛选服务。作为我国创新药物研究的重要物质和信息资源,线上资源网络的共享为客户提供高质量的专业服务,提升协同攻关效率,促进了我国医药产业的可持续性发展。

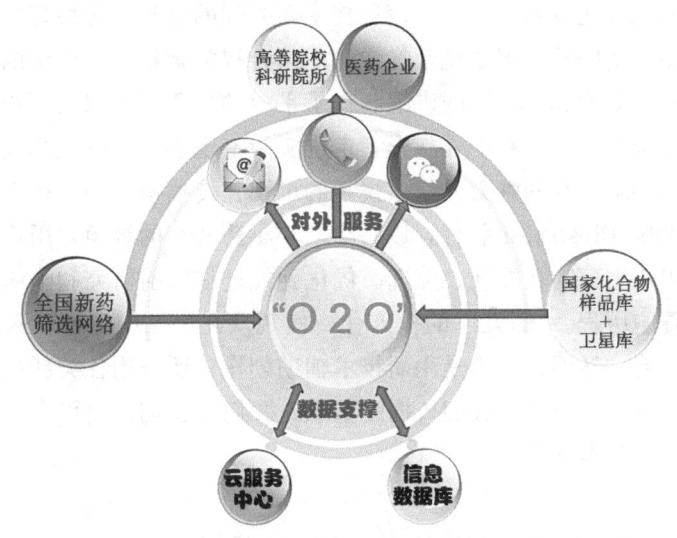

图 3　在线资源网络示意图

2.3 人才队伍双翼发展,打通科研—科普全链条

中国科学院自 2015 年起实施"高端科研资源科普化"计划,开展了诸多科技资源科普化的探索实践,形成了以"小核心、大网络"为特征的科普工作队伍[4]。平台也以此特征为基础模板打造了一支四人的专业科普小分队,作为科普基地的专业讲解和高端设备仪器操作展示人才队伍,并参与一定次数的科普讲座和专业培训,旨在以科研专业人才为"核心",推动科技

资源科普化。平台也通过招募和课题组推荐等方式吸收多名课题组在读的硕士和博士研究生作为预备队协同参与科普活动，如活动策划、现场引导、讲解演示等工作。为更合理地分配科研和科普工作，平台还细化了科普岗位职责，明确了科普工作分工，以"2+2双搭配"的模式——两位专业讲解人员和两位专业设备操作人员——运作，以"核心"小分队为主、预备队为辅的方式，形成平台的科普人才"大网络"，使科普人才队伍科学化、规范化、专业化。

2.4 从传统单一科普模式到可视化传播新路径的探索

过去传统的科普形式一般为通过科普参观、举行讲座或发布科普报刊和出版物等方式来进行宣传教育。由于大科普时代的受众范围在不断扩大，探索更多创新的传播途径让公众更易于理解和接受已成为必然趋势。如今社会与时俱进的现代化发展与变革，信息技术新时代的到来，为科普可视化传播提供了更多的新路径。国家化合物样品库结合视觉素材、具象化的设备操作演练和具有感染力和专业性的讲解制作了平台的科普宣传双语短视频，以新颖的实景拍摄手法，带领中外观影者走进实验室现场，沉浸式感受科研院所探秘科学、寻求真知的魅力。除了视频的可视化传播模式外，科普人才队伍还利用 Adobe Illustrator 软件，以一个"小小药丸"的视角，用连续静态漫画的方式表达出药物从发现、筛选、优化到经过临床前研究和临床研究这一路艰辛的赛跑历程。"药丸"的拟人化，使观众在漫画中理解新药研发的每个环节与功能。然而，不论是用新技术辅助创作，还是用各类新兴渠道扩大传播，科学内容本身才是我们传播的重点，我们需要创作出更多有价值的科普内容，避免舍本逐末[5]。

3 对于"双科"互促融合创新发展的思考

"两翼理论"确立了科技创新和科学普及"同等重要"的地位，继续深化贯彻落实"两翼理论"就是在创新的基础上做好科普，在科普的基础上推动创新。科研院所作为国家队，要努力肩负起高水平科技自立自强的重任，参与"双科"互促融合创新发展的顶层设计。其一，建立健全国际化科学普及创新人才的培养机制。高素质的科研后备军兼科普创作专业人才目前依然缺乏，如何做到科研科普两手都抓，培养多学科综合素养兼备的国际人才成了至关重要的环节。科研院所内部拥有大量的高素质储备军，要紧跟"两翼"时代发展潮流，建立完善机制来培养储备军良好的政治素养、宽广的国际视野、扎实严谨的专业技能以及"讲好中国故事"的跨文化交际能力。其二，鼓励和保障科研人员参与科研科普协同融合发展，激发科学普及的源头活力，改善"重科研轻科普"的短板，让科研人员无后顾之忧地进行科普创作，营造和谐的科学普及生态环境。其三，优化科研院所的科技资源配置模式，提高科普经费在整个科研项目中的比例。同时，推动科技成果转化，深化国际科技创新合作，让世界更好地读懂中国科技。通过同谋划、共发力、齐推进，形成高效的科技创新组织动员体系和统筹协调的科技资源配置模式，以创新突破和科普成效形成强劲动力，可为科技腾飞、创新发展提供坚实支撑[6]。国家化合物样品库作为上海药物研究所下的一支强有力的队伍，也一直秉承"开放创新，资源共享"的理念，立足张江，服务全国，放眼世界，通过全国新药筛选资源和技术共享网络，优先为从事药物作用新靶标和新机制研究的科研人员提供化合物资源和信息服务，也为公众厚植科技创新文化土壤。在今后的发展进程中，"科技创新＋科学普及"交叉融合、相生共赢的融合创新模式将始终坚持推行，这就要求我们拓展全球视野，促进国际合作，强化产学研用结合，开发培养国际多边型人才，讲好中国科技创新故事，培育繁荣的科技传播生态圈。

参考文献

[1] 张慧,汪佳,伍晓燕,等.国家化合物样品库质量管理体系结构及成效分析[J].生物化工,2022,8(04):127-130.

[2] 岳洋,徐雁龙,马强,等.国立科研机构科学传播体系建设的实践与思考——以中国科学院为例[J].中国科学院院刊,2021,36(04):456-463.

[3] 柏坤,贾宝余.科学普及"一体两翼"的平台实践与探索[J].中国科学院院刊,2023,38(11):1740-1748.

[4] 敖妮花,龙华东,迟妍玮,等.科研机构推动科技资源科普化的思考——以中国科学院"高端科研资源科普化"计划为例[J].科普研究,2022,17(03):100-104.

[5] 彭佳倩,曹三省.以人为本的创新与融合:新媒体时代下的科普创作与传播[J].科普创作评论,2022,2(01):5-11.

[6] 王挺."两翼理论"的思想源起和内涵认识[J].科普研究,2022,17(01):5-12+100.

科学博物馆慕课的建设
——以上海天文馆为例

◎ 刘程程 施 韡[1]

> **摘 要** 科学博物馆作为非正式教育机构，在数字化转型与终身学习背景下，与慕课（MOOC）结合展现出差异化特征。本文探讨了科学博物馆慕课在扩展青少年受众、构建虚实融合生态、跨学科整合展品资源等方面的独特优势。同时，基于上海天文馆等具体实例，提出了科学博物馆慕课平台构建与课程开发的策略性建议：在平台搭建方面，强调聚焦青少年需求、采用 H5 技术与短视频模块化设计、构建趣味化界面功能体系及个性化学习机制等策略；在课程开发路径方面，强调内容趣味性、展品情境化教学及多方协同模式，通过任务导向与即时反馈增强用户黏性。
>
> **关键词** 科学博物馆；慕课；慕课平台；青少年科普；上海天文馆

党的二十大报告明确提出"推进教育数字化，建设全民终身学习的学习型社会"，将慕课体系定位为扩大教育资源覆盖面的关键载体。科学博物馆作为"国家科普能力建设"和"科普基础设施工程"的重要组成部分，应予以高度重视。然而数据显示，我国上线了超过 7.68 万门慕课，其中大部分由高校主导，而开设慕课的科学博物馆寥寥无几，这种结构性失衡与其战略定位形成尖锐矛盾[1]。

上海天文馆开发的 CosMOOC 慕课平台，围绕场馆展陈内容，采用主题式模块化设计，巧妙融合互动问答、知识闯关、多模态教学等多元化手段，

---

1 作者简介：刘程程，上海天文馆（上海科技馆分馆）展教中心科学老师，助理馆员，主要研究方向为天文科普教育、天文数据可视化等。E-mail：liucc@sstm.org.cn。
施韡，上海天文馆（上海科技馆分馆）展教中心网络科普部部长，副研究馆员，主要研究方向为天文科普教育、网络媒体传播等。E-mail：shiw@sstm.org.cn。

成功构建了11门课程体系，服务了超1.3万人次[2]。本文旨在探讨科学博物馆如何赋予慕课新的活力，并以上海天文馆的实践为案例，深入分析科学博物馆如何结合自身特性和场馆资源，搭建慕课平台并开发高质量课程，以期为同类机构提供实践指导与策略参考。

1 科学博物馆慕课的差异化特征

博物馆以研究、收藏、保护、阐释和展示物质与非物质遗产为主，是为社会服务的非营利性常设机构[3]。科学博物馆，是一类通常以科学为主题、展示科技文物和重大科学技术成就的博物馆，现已成为现代博物馆主要类型之一[4]。科学博物馆肩负着向全社会普及和推广科学文化知识的责任，与慕课在推广全民学习和终身学习方面有着共同的愿景和目标。同时，科学博物馆的非正式教育属性与独特展品资源，还为慕课注入了创新基因，使科学博物馆慕课呈现出鲜明的差异化特征。

1.1 扩展受众范围：青少年群体的深度覆盖

自2012年"慕课元年"以来，慕课已逐步从高等教育领域扩展至在职教育，但在青少年群体中的渗透率仍显不足[5]。2022年3月，国家中小学智慧教育平台的推出，彰显了国家对青少年在线教育的重视。科学博物馆作为青少年教育的核心阵地，其与慕课的融合具有重要意义，不仅能有效吸引青少年参与慕课学习，还能填补青少年在线学习市场的空白，与国家推动在线教育普及的政策导向高度契合。

1.2 虚实融合生态：混合式学习场景重构

当前，主流慕课平台普遍存在教学场景单一、认知交互浅层化等问题。科学博物馆依托其独特的物理展陈体系和多模态学习场景，为破解这一难题提供了创新路径。其海量实体展品，为科学知识的具象化认知建构提供了物质载体。此外，科学博物馆慕课可将线上理论学习与线下展品操作、实验工坊结合，构建线上线下混合式学习场景。这种学习模式能够促进学习者自主探究，带来多模态认知体验，提升深度学习转化率。

1.3 跨学科整合：展品资源的课程化开发

高校与职业性慕课通常聚焦单一学科领域，通过结构化课程设计深化专业知识传授。而科学博物馆作为非正式教育机构，从多学科视角开展科普教育，致力于提升公众综合素质。其展品展示天然具备学科交叉特性，以空间站展品为例：空间站展品巧妙融合了数学中的轨道计算、物理学中的力学原理、材料科学中的高强度材料应用，以及生物学中的人类生存条件研究等多领域知识。将科学博物馆的跨学科特性与慕课相结合，无疑能为慕课领域注入新的活力，推动慕课教育向更全面、多元的方向发展。

2 科学博物馆慕课平台搭建策略

投身慕课建设的科学博物馆屈指可数。国外仅有美国自然历史博物馆、史密森尼学会等少数机构通过主流慕课平台（如Coursera、edX）提供课程；国内，东莞市科学技术博物馆通过自建的"慕课科普学院"上线慕课[6]，上海天文馆也选择自主建设慕课平台"CosMOOC"。

2.1 精准定位与技术路径选择

科学博物馆慕课平台构建需紧密结合现实条件与社会需求，精准定位，聚焦于核心受众——青少年。统计显示，青少年网络学习普及率高达88.7%[7]，表明该群体已普遍养成线上学习习惯。结合青少年科学慕课资源稀缺的现状，科学博物馆应依托科普资源，开发符合青少年特性的课程内容。上海天文馆与东莞市科学技术博物馆的成功实践，为面向青少年的慕课设计提供了范例。考虑到青少年高频率使用移动端，采用H5技术进行平台开发是相对较好的选择，利用其单次点击直达、跨平台即时更新及零安装成本的优势，有效缩短访问路径，提升新用户转化率。上海天文馆的实践表明，利用H5技术搭建慕课平台不仅能适配手机、iPad等多个移动端，还能够嵌入公众号、官方网站、微博等新媒体平台，形成"强关联、广覆盖"的科学传播矩阵。

2.2 主题式模块化单元设计

据中国互联网络信息中心2024年度统计，短视频用户规模达10.4亿，渗透率达网民总量的93.8%，这标志着短视频已发展成为主流信息传播媒介[8]。基于这一趋势，科学博物馆慕课应根据知识类型划分模块，将课程解构为几分钟的短视频单元。该设计符合认知负荷理论，能有效降低学习疲劳度[9]，又契合碎片化学习场景的时空特征。在技术实现层面，模块化架构支持知识点动态重组与智能推送，通过用户画像构建个性化学习路径。以上海天文馆为例，其每门慕课被划分为 3~5 个微单元，围绕同一课程主题从不同角度展开，每个视频时长控制在 3~10 分钟，方便学习者利用碎片化时间轻松学习。

2.3　界面功能体系构建

慕课本质上是一门在线课程，应具备系统完整的课程体系，包含学习内容、在线互动、学习评价与反馈等课程要素，平台功能要保证能覆盖各个学习环节。例如，CosMOOC 除了呈现视频、课件等学习材料，还有笔记、评论、答疑等学习过程支持，以及单元测验、实践作业等多元评估反馈。

此外，科学博物馆慕课可以融入趣味化知识闯关模式，利用积分与特色证书作为学习激励，甚至可以与馆内数字藏品或徽章绑定，以激发学习动力。实践表明，融入趣味化知识闯关模式，如 CosMOOC 采用的"知识节点解锁"机制，能使学习者在完成任务的过程中获得成就感，从而提高学习积极性和课程完成率。

2.4　个性化学习机制构建

科学博物馆慕课以兴趣为导向，更加强调自主学习。鉴于学习者个体差异，应构建以学习者为中心的个性化学习机制，其核心架构包括学习档案管理、行为数据分析及智能推荐三大模块。例如，CosMOOC 的"我的慕课"为学习者建立了专属档案，登录后可查阅所有课程及学习笔记。此外，科学博物馆还可通过分析用户学习历史，从知识关联度、认知匹配度和兴趣相似度三维度出发，适应性推送相近和进阶课程，以实现精准服务。

3　科学博物馆慕课课程开发路径

科学博物馆在慕课开发过程中，应充分利用场馆资源和科普特长，丰富教学形式，进行情境化教学，并探索出适合可持续发展的慕课开发模式。

3.1　内容有趣、形式多样

科学博物馆的内容设计需兼顾科学性与趣味性，并运用多元化的教学形式以维持用户黏性。内容表述应力求通俗易懂，通过设置互动问答、知识闯关、积分奖励等环节，构建一个"任务导向—即时反馈—成就激励"的认知闭环，从而使学习过程更加生动有趣。同时，融入实物展示、模拟实验、动画模拟及互动程序等多种教学手段，生动形象地阐释复杂的科学原理。以CosMOOC慕课《寻找第二个地球》为例，该课程搭配教师讲授、教具演示、模拟实验及动画模拟等多种教学形式（图1），生动形象地阐释抽象的方法原理。

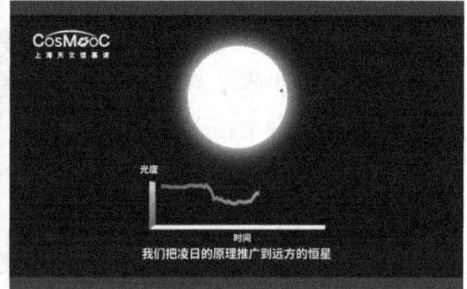

图1 《寻找第二个地球》课程视频截图

3.2 结合展品、情境教学

当前慕课教学模式普遍存在互动性不足与完成率低下的双重困境。研究表明，传统慕课课程完成率通常在4%至10%之间[10]，其核心症结在于单向知识灌输的局限与情境化学习体验的缺失。科学博物馆可利用实物展品作为慕课的教学案例，直观解释抽象概念，增强课程的通俗性和吸引力。此外，在课程开发过程中，科学博物馆应强化情境化教学设计，通过多模态教学资源实现抽象原理与生活实践的认知映射，并依据知识图谱设计阶梯式实践任务，构建线上线下混合式学习场景。

仍以《寻找第二个地球》为例，该课程创设了救护车驶过的情境，通过警报声在"远—近—远"过程中的频率变化，类比阐释了视向速度法的探测原理。鉴于系外行星遥远且探测方法抽象，该课程还特意选取棒棒糖、球形灯等生活材料进行模拟演示，方便学习者在家中复刻实验。此外，课程最后还布置了探究任务，引导学习者进行实验探究或来馆操作"寻找第二个地球"和"数字实验室"展项。这种教育模式构建了"现象观察—原理解析—实践验证"的认知闭环。通过现象观察，学习者初步感知科学原理；原理解析深化理论认知；实践验证巩固所学知识。这种理论与实践的深度融合，能够有效提升学习者的情感涉入度与认知涉入度，为解决慕课互动性不足与完成率低的问题提供了新思路。

3.3 多方协同、持续发展

相较于线下课程，科学博物馆慕课开发需授课教师、媒体技术团队与平台管理者等多方协同作业。为确保持续开发，科学博物馆应依据自身资源与优势，探索适宜的开发模式。以上海天文馆为例，其协同开发模式包含五大核心环节（图2）。

（1）主题遴选机制：基于科技前沿、公众兴趣及学习者画像三维度确立选题方向；

（2）课程设计迭代：由授课教师主导课程框架设计，经教研组三轮以上论证优化；

（3）跨媒介制作体系：技术团队配合授课教师，准备教具和实验材料，并进行视频拍摄录制及动画制作；

（4）质量双审制度：视频成品需通过"科学性评审"与"教学型评审"双重认证；

（5）动态运营管理：定期进行人工答疑和作业批改，并追踪学习情况、互动频次、用户反馈等数据，驱动课程持续改进。

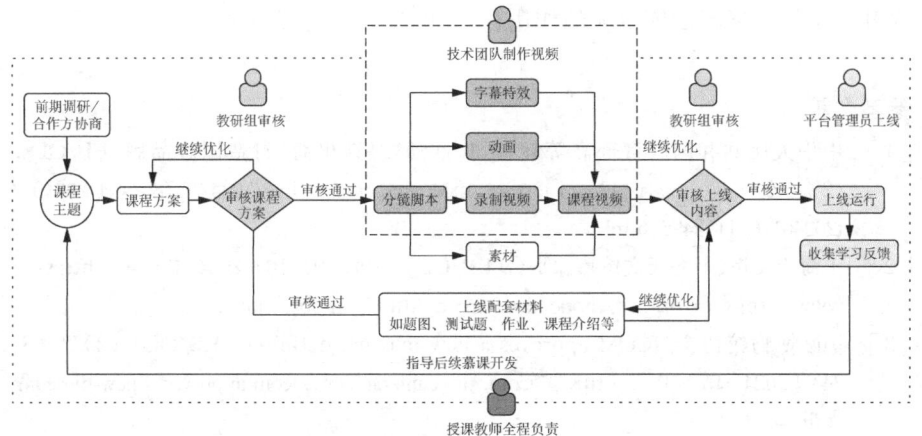

图2 慕课开发流程示意图

科学博物馆可邀请高校及科研院所专家加盟，以专业视角为慕课提供科学指导与质量把控，确保课程内容的前沿性与科学性。凭借跨学科教育优势，科学博物馆可以与学校合作，依据课程标准和学生需求共同设计多样化慕课。依托慕课平台，科学博物馆还可以向学校提供"线上学习+线下实践"的混合式学习服务，扩大慕课的受众群体。

科学博物馆还可与相关领域的企业合作开发慕课，实现互利共赢。例如，上海天文馆与赛尔号公司合作，赛尔号资助开发《天外奇石》陨石主题慕课，同时天文馆为其游戏科学内容把关。此合作模式下，陨石主题游戏与慕课相辅相成，寓教于乐，实现了科普教育的创新融合，极大地提升了公众的科学兴趣与学习参与度。

4 结语

在教育数字化和终身学习的趋势下，科学博物馆慕课作为融合博物馆教育基因与数字技术优势的新型教育形态，正逐步重塑全民科学素养培育的格局，为学习型社会建设注入持续动能。展望未来，数字技术的迅猛发展将为科学博物馆慕课带来新的机遇。例如，在人工智能、元宇宙等前沿技术的赋能下，结合"元博物馆"理念，科学博物馆慕课能够为学习者提供更具互动性的沉浸式学习体验[11]。此外，未来慕课平台的人工智能（AI）助教，有望在教学设计、答疑、作业批改、教学评估等多个环节辅助教师，并为学生提供智能学习支持和精准的个性化学习路径设计。随着这些技术的不断发展和完善，科学博物馆慕课必将在科学教育领域迎来更为广阔的发展前景，为提升全民科学素养发挥更大的作用。

参考文献

[1] 中华人民共和国教育部高等教育司.推动"慕课出海"打造国际品牌[EB/OL].(2024-01-26)[2024-11-24].www.moe.gov.cn/fbh/live/2024/55785/sfcl/202401/t20240126_1112426.html.

[2] 上海天文馆.上海天文馆慕课平台[EB/OL].(2022-04-10)[2024-11-24].https://www.sstm-sam.org.cn/mooc/docs/main.html#/mooc/index.

[3] 国际博物馆协会.ICOM approves a new museum definition[EB/OL].(2022-08-24)[2024-07-31].https://icom.museum/en/news/icom-approves-a-new-museum-definition/.

[4] 李存东,秦晓宇,成蒙.探秘科学之美——中国科学院物理研究所"走向科学博物馆"

主题讨论侧记[J].物理,2023,52(11):801-802.

[5] 王璐,卢鹏,杨洋.哪些因素影响MOOC的受欢迎程度——来自学习者的证据[J].教学学术,2021(02):94-106.

[6] 陈晓洪.从构成要素的角度分析科普慕课平台[J].科学教育与博物馆,2017,3(01):53-55.

[7] 中国互联网络信息中心.《第5次全国未成年人互联网使用情况调查报告》发布[R/OL].(2023-12-25)[2024-11-24].https://www.cnnic.net.cn/n4/2023/1225/c116-10908.html.

[8] 中国互联网络信息中心.第55次《中国互联网络发展状况统计报告》[R/OL].(2025-01-17)[2025-01-22].https://www.cnnic.net.cn/NMediaFile/2025/0117/MAIN1737100758200NNZ5AVJ3C1.pdf.

[9] 冯小燕,王志军,李睿莲,等.基于认知负荷理论的微课视频设计与应用研究[J].实验室研究与探索,2017,36(10):218-222.

[10] 王勃然,金檀,赵雯.慕课与"高"辍学率:基于学习者视域[J].黑龙江高教研究,2017(10):159-164.

[11] 张策,初佃辉,刘鹏,等.教育数字化转型背景下在线开放课程发展研究[J].中国教育信息化,2024,30(09):97-107.

数字经济下科普场馆高质量发展路径探析
——以上海航空科普馆为例

◎ 黄 沛　封 璟[1]

> **摘　要**　进入新时代，随着数字经济的繁荣发展和不同领域的深度融合，科普场馆面临新的机遇与挑战，其功能也在不断拓展延伸。本文以上海航空科普馆为实践案例，探讨科普场馆在新形势下高质量发展的新方法与新路径，探索科普场馆特色化、差异化发展之路，通过数字技术建设智慧博物馆、构建大飞机科普体系，建设大飞机科普教育基地，有助于满足公众对航空航天科普的多元需求，更好地践行科普场馆的社会使命，实现科普场馆的价值。
>
> **关键词**　科普场馆；高质量发展；科技传播；数字经济；科普体系建设

1 引言

2020年以来全球新冠疫情大流行对全球经济社会产生影响的同时，对科普场馆的发展也提出了新要求。《"十四五"数字经济发展规划》中指出要"推进数字技术、应用场景和商业模式融合创新"。《"十四五"国家科学技术普及发展规划》要求"加快推进科普与大数据、云计算、人工智能等技术深度融合，打造一批科普数字化应用示范场景"。科普场馆作为科学教育的非正式教育平台，提供的学习内容更加广泛，学习方式更加灵活。新媒体技术的应用，为科普场馆带来了新的机遇和挑战。如何更好地利用数字技术推动科普场馆高质量发展成为诸多场馆所面临的一个共性问题，尤其是在发挥自

---

1 作者简介：黄沛，上海航宇科普中心研究策划部副部长（主持工作），馆员，主要研究方向为科普展览、新媒体传播。E-mail：434802424@qq.com。
封璟，上海航宇科普中心馆员，中国传媒大学文学学士，主要研究方向为科普展览、科普教育。

身职能的基础上，如何进一步发挥场馆的社会价值，亟待研究。

"十四五"期间，伴随中国大飞机研制的发展，上海市打造智慧城市，上海航空科普馆（上海航宇科普中心）作为全国和上海科普教育基地、国家二级博物馆、大飞机教育基地，其建设和发展迎来了新机遇和新挑战。大飞机作为国家战略性高科技产业，其科普教育工作在国民经济、国防安全和国家形象方面具有重大意义。航空科普教育是弘扬中华民族伟大精神、传播先进科学思想和科学方法，引导人们树立正确科学观念的有效途径和方式。上海航空科普馆"十四五"以来加强数字化博物馆建设，加快数字技术在科普宣讲、科普创作中的应用，丰富数字科普内容供给，在数字化科普服务方面进行了尝试，寻求促进其高质量发展的路径。

2 航空主题科普场馆面临的机遇

2.1 国产民用飞机发展为上海航空科普馆提供发展契机

在经历了漫长曲折的过程后，国产民用飞机产业的发展正迎来黄金时代，有望打破现有世界客机格局。国产民用飞机遵循"自主研发、全球配套、逐步国产，先支线后干线，先窄体后宽体"的发展战略研制，并渐成体系，我国自主研制的 ARJ21、C919 等依次批产、适航取证、规划研制。民用飞机的发展为上海航空科普馆的航空科普工作提供了契机和方向，上海航空科普馆将乘着大飞机的国民热度积极做好大飞机科普工作，传播民航科创知识，宣传大飞机精神。

2.2 提升上海市人民群众的科学素质和能力的新要求

中国特色社会主义进入新时代，人民迫切需要个性化、多样化和更加公平、优质、可选的服务。因此，作为全国科普工作的标杆，践行"人民城市"重要理念，更好地满足人民群众的美好生活需要，是新时代上海科普工作的出发点。做好新时代科普工作，必须坚持人民至上的理念，坚持以人民为中心，着力提升人民群众的科学素质和能力，助力高质量发展、高品质生活。

2.3 配合上海市数字化转型建设、数字化商用飞机基础能力中心建设

当下新媒体技术和手段的广泛应用，既为科学普及提供了更多的载体、

方式和渠道，也正深刻改变着社会公众的信息获取方式。上海航空科普馆作为长三角地区航空航天知识传播的重要公共平台，需加快推进信息化升级，打造智慧博物馆，为上海市数字化转型建设和数字化商用飞机基础能力中心建设贡献力量。

2.4 对标上海市科普高质量发展要求

"十四五"期间，上海市着力加强科普能力建设，致力于打造公众理解创新、支持创新、参与创新的社会环境。2017年C919大飞机实现首飞，国人对航空的热情随之高涨。上海航空科普馆作为中国大型客机项目科普宣传基地，承担着面向上海公众普及航空知识和宣传大飞机科技成就的重任，承担着引导公众理解航空技术创新、营造支持和参与航空技术创新的社会环境的重任。

3 基于数字经济的高质量发展路径

上海航空科普馆（上海航宇科普中心）于1989年6月1日正式面向全社会开放，主要服务对象是广大青少年群体，以实物陈列展示和寓教于乐形式，宣传和普及航空航天基础知识。上海航空科普馆在"十四五"期间分步骤进行智慧化博物馆建造规划，分别在2021年、2022年进行了智慧化博物馆一期（VR全景场馆）建设和智慧化博物馆二期（智慧化导览）建设，在2023年开展了智慧化博物馆三期（虚拟展厅）建设。

3.1 线上VR全景场馆展览

上海航空科普馆线上展览共计展出全景40个，包含1个航拍全景；重点展品热点共计63个，其中图文热点57个，视频热点6个。线上展览采用以量子点三维工作系统为支撑的QDS3D（Quantum Dots 3D）技术，通过信息化手段全方位地将上海航空科普馆场馆内的一万多平方米实际场景进行虚拟还原，配合全景环境，实现线下场馆线上720度复原呈现。其中，重点通过场景、视频及图文等形式对我国大飞机建设的重中之重——ARJ21、C919等热门机型——进行全方位、多角度的综合展示。用户可通过手机、电脑等电子设备在3D场景中进行参观，不再局限于实际场地和参观时间的限制。

3.2 线下展览与线上导览融合

上海航空科普馆智慧导览以微信小程序形式展示，设置标准化模块，介绍包括整体、展区和展品三个层级，采用扫描二维码获取语音和视频讲解等手段，实现宣教结合的互动体验。观众在场馆利用手机终端扫描展品旁的二维码，就能自动连接到对应的产品介绍，"一物一码"，扫码就能直接收听导览内容。这种形式不仅提升了科普场馆导览服务能力，促进了线上服务与线下展览的融合，增强了展览的趣味性和知识性，也为对观众参观行为进行大数据分析提供了数据支撑。

3.3 沉浸式虚拟线上展览

上海航空科普馆展教智慧化三期主力打造了线上虚拟展厅。通过互联网3D技术，打造3D虚拟现实场景，参观者足不出户，甚至不需要安装软件或插件，仅通过电脑、手机、触摸电视或VR眼镜点击链接就可以进行网络沉浸式体验参观。参观者有自动浏览、手动浏览、地图导览、菜单浏览四种参观模式可以选择。场馆管理方也可进行线上展览布展、展览内容更新等工作。例如，通过后台对展览内容进行更替、发布、修改、删除、查询等。虚拟展厅的打造实现了绿色环保、沉浸式24小时运营的虚拟网上体验。场馆先后打造了红色航空主题和科普主题两大虚拟展厅，并可以通过VR进行沉浸式参观体验。

红色航空主题展厅（图1）：线下线上联动，打造集红色展览、红色航空专家课堂、沉浸式红色航空教育、爱国教育互动体验为一体的特色航空主题爱国主义教育基地，为上海市爱国教育、思政教育、国防教育提供优质航空文化服务。上海航空科普馆致力于打造沉浸式虚拟红色航空展厅，智慧博物

图1 红色航空主题展厅

馆三期的"腾飞——中国共产党领导下的中国航空"红色主题虚拟展广受好评，并荣获由上海市委宣传部等 12 家单位主办的第四届上海红色文化创意大赛优秀奖。展厅设计融入大飞机元素，重点展品涉及"永不放弃"雕塑、"四个长期"等，展示内容从"航空救国""航空卫国""航空强国""航空报国"四个方面讲述中国共产党领导下的中国航空从无到有、从弱到强的发展历程。后期，场馆将继续进行红色航空主题密室逃生、红色航空实物展厅、红色党建课堂的策划和建设，全面打造面向党员同志和青少年群体的红色航空主题教育平台。

航空科普展厅（图 2）：2024 年正值中华人民共和国成立 75 周年，场馆持续打造智慧化博物馆四期，推出全新线上展览"倚天铸剑，扶摇守护——中国航空航天成就与科学家精神展"。该展览分为"飞机的设计""飞机的制造""试飞与适航""载人航天"四部分，不仅通过三维建模展示了我国航空航天事业发展中所取得的成就（大飞机、长江发动机、天宫空间站、飞机生产线、长征二号 F 运载火箭等），更是在内容上增加了有趣的航空航天科普知识，进一步弘扬航空航天科学家精神。

图 2　航空科普展厅

4 基于大型客机项目的高质量发展路径

"十四五"期间，智慧化博物馆建设在拓展上海航空科普馆展示空间的同时，也为开展大飞机知识和航空报国精神宣传提供了新平台。随着公共文化服务属性的不断增强，科普场馆应基于"为社会和社会发展服务"的使命，在专业化、公共性、社会化、国际化等方面着力推动高质量发展。科普场馆更好地融入社会发展，需要将自身置于社会发展的大背景之中，由"内向型"向"外向型"延伸转变，以更加宏观的视野思考如何更好地发挥行业博物馆的多元社会价值。2023年随着C919大飞机正式进入商业运营，民用飞机成为民众关注的热点和场馆科普的亮点，上海航空科普馆通过建造沉浸式智慧博物馆、深耕大飞机科普内容创作、大飞机青少年科创基地建设、爱国教育与大飞机融合、活动赛事与大飞机融合等途径促进场馆的高质量发展。

4.1 建设沉浸式智慧博物馆，打造大飞机精神展示平台

随着数字媒体的不断发展和普及，智慧博物馆逐渐成为人们随时随地获取知识的一种重要途径。为了满足当下公众对新型展示形式的兴趣和航空知识的需求，上海航空科普馆在"十四五"期间分步骤进行智慧化博物馆的建造，涉及智慧化博物馆一、二、三期，为进行大飞机科普宣传提供了新平台。三期虚拟展厅由红色航空虚拟展馆和"大飞机临展厅"组成，通过虚拟展厅设计，传播航空爱国精神、"四个长期"和"永不放弃"精神等，提升观众参观的科技感。

4.2 深耕大飞机科普内容创作，做好大飞机科普传播

展览和教育内容是上海航空科普馆开展科普宣传、教育等工作的基础。上海航空科普馆的展览和活动内容涉及航空航天领域，覆盖面广、缺乏系统性，聚焦困难，较难形成合力。上海航空科普馆作为全国唯一的中国大型客机项目科普宣传基地，通过聚焦大飞机亮点和民众关注民机热点，形成具有自身优势的聚焦点，以点串线、以线带面。

"十四五"以来，上海航空科普馆展厅通过更新升级，突出展示国家民机发展情况，打造"走进中国大飞机"展示大厅。结合中国大飞机最新研制情况，上海航空科普馆与时俱进，深耕大飞机科普内容，先后创作了"腾飞——中国共产党领导下的中国航空""筑梦""中国航空航天科学家精神展"等以展示航空报国精神为主题的展览内容，并选取航空流体力学基础原理（伯努利原理、康达效应等），打造航空主题科普剧，为开展丰富多样的科普活动提供内容支撑。

4.3 打造青少年大飞机航空科创基地

上海航空科普馆作为"上海市学生（青少年）科创教育基地"首批成

员，承载着面向青少年学生搭建培养科创兴趣、提高科创素养、了解科创过程的共建共享平台，为上海科创中心建设培养未来人才的责任。青少年大飞机航空科创基地一期项目以"创新结构航空重点实验室"为主题，内容涉及航空设计、飞机整装、飞机模拟飞行等领域。青少年大飞机航空科创基地二期项目对科研设施进行科普化开发，对科技热点成果进行科普化展示，打造静态比例模型工作室、C919 飞行模拟器体验、大飞机生产线动态演示系统等；青少年大飞机航空科创基地三期项目将建立民机专职导师队伍，将青年职工志愿者、讲解员、航空院校专家等人力资源有效联动起来，打造国产客机科普宣讲团队伍。

4.4 打造特色红色教育，做好爱国教育与大飞机的融合

上海航空科普馆作为上海市爱国教育基地，将爱国教育工作和大飞机科普有机融合，做好大飞机宣传工作。"十四五"期间，上海航空科普馆以红色虚拟展厅为基础打造线下线上联动，集红色展览、爱国教育课堂、爱国教育互动体验为一体的航空主题红色教育服务体系，为爱国教育、思政教育、国防教育提供服务平台。在此基础上，将继续进行红色航空主题密室逃生、红色航空实物展厅、红色党建课堂建设，开展面向党员同志和青少年群体的红色航空系列活动。

4.5 积极推进科普活动赛事与大飞机融合

上海航空科普馆历年举办的众多航空特色科普活动一直以来都是观众了解大飞机、接触大飞机的重要途径。在诸多赛事活动中融入大飞机元素，开展以大飞机科普知识为主题的讲座、科普活动、航空赛事等（表1），可以推进赛事活动与大飞机事业的深度融合。历年来，上海航空科普馆开展上海市中小学校科普共建工作，赴上海市各区县中小学校和社区街道开展以"航空知识进校区，走进百年航空梦"为主题的科普巡展，内容包括科普文化进中学、航空报告进大学、全国青少年航空创意绘画比赛等，向青少年普及大飞机的相关知识，提高其科学素养。此外，上海航空科普馆每年举办多场不同种类的航空主题活动赛事，内容涉及航空绘画、无人机比赛、航空礼仪、航空模型、飞行器设计等。赛事活动一方面能增强青少年对科学技术的兴趣和爱好，引导其掌握必要的科学知识；另一方面有助于培养青少年初步的科学研究能力，为上海科创中心建设储备人才。

表 1　上海航空科普馆 2021 年科普活动情况

活动形式	内容	社会影响力	数量
科普讲座	航空航天科普讲座的内容涉及航空航天的起源、发展历程以及相关的技术和创新。讲师们通过生动有趣的方式，将抽象的科学概念变得通俗易懂，使学生们能够更好地理解和掌握其中的知识	受众达到 10 000 人次	17 场
科普巡展	以"航空知识进校区，走进百年航空梦"为主题赴上海市各区县中小学校和社区街道开展科普巡展，向广大师生和社区居民传递航空知识，激发他们对航空事业的兴趣和热爱	活动辐射人数超 30 万人次	7 次
航空主题特色学校	通过科普共建，学生可以获得更多的科学知识和实践机会，培养科学思维和创新能力，促进学校与社会的互动与合作。通过这项举措，上海市的中小学生能够更好地掌握科学知识，适应未来社会的发展需求	基本完成上海市城区全覆盖	48 所
航空主题品牌赛事	全国青少年无人机大赛（上海赛）暨上海市青少年无人机大赛、国际航联青少年航空绘画大赛、上海"航宇杯"静态比例模型比赛、"雏鹰杯"——"红领巾科创达人"挑战赛、长三角航空服务礼仪大赛、上海"航宇杯"未来飞行器设计大赛等赛事有序进行	赛事品牌效应和社会影响力不断增强	6 项

5 结语

2025 年是"十四五"规划的收官之年，上海航空科普馆紧密围绕人民群众需求，弘扬科学精神、大飞机创业精神，持续完善科普工作体系，大力加强科普能力建设，普及科学技术知识，共享科技创新成果，切实提升科普工作的影响力和惠民度，通过对数字元宇宙技术与航空科普的深度融合和航空科普活动矩阵的打造，促进场馆服务的高质量发展，打造航空主题科普教育基地，并以此为平台提供多元化、高质量、多角度的服务内容。例如，大型客机项目宣传基地建设就是一个持续融合的过程，借助科普市场力量和场馆发展的自身优势，凭借当下技术形成独立的线上数字展览、线上导览与线下参观融合、线上展览与线下活动融合的数字博物馆；通过整合现有活动和赛事，增加新型的科普活动形态，采用科普试验展演、科普剧、航空赛事、航空巡展、航空模型制作等形式组成航空科普活动矩阵。未来，上海航空科普馆也将继续立足于满足公众的航空科普需求，更好地践行科普场馆的社会使命，实现科普场馆的价值（图3）。

图 3　航空主题沉浸式展览体验

参考文献

［1］ 梅海涛，段勇.质与量——新冠肺炎疫情背景下博物馆"云展览"观察［J］.中国博物馆，2020(03)：32-37.

［2］ 杨曙光.历史类博物馆的数字化展陈：维度、逻辑和路径［J］.科学教育与博物馆，2024,10(04)：22-29.

［3］ 黄沛.基于情境学习理论的博物馆内容与形式开发：中国自然科学博物馆学会2023年年会论文集［C］.北京：科学技术文献出版社，2024.

［4］ 乔晓鹏.行业博物馆高质量发展路径探析——基于北京汽车博物馆的实践与思考［J］.中国博物馆，2024(02)：106-112.

［5］ "十四五"数字经济发展规划［EB/OL］.(2022-03-25)[2023-03-20].https://www.ndrc.gov.cn/fggz/fzzlgh/gjjzxgh/202203/t20220325_1320207_ext.html.

［6］ 中共中央办公厅，国务院办公厅.《关于新时代进一步加强科学技术普及工作的意见》［R/OL］.(2022-09-04)[2024-11-10].https://www.gov.cn/zhengce/2022-09/04/content_5708260.htm.

新时代消防科普教育原则的创新探索与实践应用

◎ 吴佩英[1]

> **摘　要**　本文旨在针对消防科普教育形势发展现状,提出开展新时代高质量消防科普教育所遵循的"四大原则",同时基于"四大原则",以应急管理部上海消防研究所平台为例,大力开展消防科普教育实践应用,以此来强化公众消防安全意识,培养其应急避险技能,提升消防安全综合素养,从而推动科普事业的发展。
>
> **关键词**　消防科普;原则;创新探索;实践应用

1 引言

科普,即科学普及,是一种广泛而深入的社会活动,它是通过多种形式和渠道,向社会公众传播科学知识、科学方法、科学思想和科学精神的过程。消防科普作为应急科普的一个方面,是指通过消防科技传播、消防应急培训和消防安全教育等措施,提高公众预防、应对突发事件的能力而进行的一种科普活动。2022年9月,中共中央办公厅、国务院办公厅印发《关于新时代进一步加强科学技术普及工作的意见》,指出"高质量科普产品和服务供给不足"是当前科普工作存在的主要问题之一,强调要"以科普高质量发展更好服务党和国家中心工作""积极开展针对性强的高质量公益科普"[1]。因此有必要研究消防科普教育工作,明确开展此项工作的重要性、特殊性以及面临的难点,找到突破口,研究归纳出消防科普教育所遵循的原则,做好

1　作者简介:吴佩英,应急管理部上海消防研究所助理研究员,主要研究方向为消防科普教育。
E-mail: wupeiying@shfri.cn。
基金项目:应急管理部上海消防研究所基本科研业务项目支持(项目编号23SX16)。

消防科普教育实践，促进消防科普教育高质量发展。

2 消防科普教育概述

消防科普教育是一种至关重要的科普教育途径。不同形式的消防科普教育可以强化公众消防安全意识，提升应急避险技能，提高火灾等突发紧急情况下公众的自救互救能力，对于减少火灾伤亡和财产损失具有重要意义。

2.1 消防科普教育工作的重要性

消防科普教育工作的重要性不言而喻，它不仅关乎个人、家庭的生命安全和财产安全，还影响着社会的整体安全水平。通过消防科普教育，第一，能够增强公众消防安全意识，让他们在日常生活中更加注重消防安全，做好消防预防措施，及时发现、排除消防隐患。第二，能够提升公众应急避险、自救互救的能力，让他们可以使用学会的消防安全知识以及掌握的应急处置方法等在火灾发生时迅速作出反应，保护自己和他人的生命安全。第三，能够降低火灾风险，减少消防出动负担，做好"防大于消"的科学防火理念，形成绿色良性循环。因此，消防科普教育工作极其重要，是维护社会稳定与安全的关键环节。

2.2 消防科普教育工作的特殊性

相较于其他领域的科普教育工作，消防科普教育具有其特殊性。它强调消防安全理论与消防安全实践紧密结合，这也是消防科普教育的工作重点。消防科普教育不能局限于社区宣传、课堂教育、科普场馆参观等说教式的教育模式，这些方式虽然重要，但往往缺乏一定的实践性和互动性，难以让公众深刻理解和全面掌握消防安全知识和火灾应对技能。因此，消防安全实训对于公众体验式地接受消防安全知识、掌握火灾应对技能来说非常有必要。首先，要唤醒公众的消防安全意识，通过消防科普安全教育宣传活动进入社区、家庭、学校、企业、农村等方式，使公众充分了解火的基本概念、火灾的危害性、预防措施以及应对方法，从而提升公众的消防安全意识。其次，要让公众掌握应急避险的技能，通过消防自救、互救等方面的实训环节（如学习灭火器的使用、防烟面具的正确佩戴、消防软管卷盘以及室内消火栓等的操作），使公众在火灾突发情况下能够应急使用。最后，要培养公众的火灾求生能力，即遇到火灾，如何作出正确的求生决策。该能力的培养要基于公众本身的消防安全意识，且掌握一定的消防安全知识以及应急避险技能，这是一个人在紧急情况下仍能保持沉着冷静、正确作出判断，从而能够在瞬息万变、危机四伏的火场中得以安全求生的前提。消防安全理论与消防安全实践相结合，才能更加有效地预防和应对火灾事故。

2.3 消防科普教育工作的难点

消防科普教育是一项系统性的工作，开展公众消防科普教育、消防实训体验、消防效果评估等都是常见的工作内容，这对于社会整体消防安全水平的提升具有较好的推动作用。然而，消防科普教育工作也面临一些困难与瓶颈，主要体现在公众参与度不高、教育资源分配不均、教育方式创新不够、法律法规不够完善以及政策扶持保障不到位等方面，其中最大的难点在于如何打破公众对火灾的侥幸心理，提升全民参与度。换句话说，消防科普教育不是一句空喊的口号，而是需要公众积极参与和深入实践的重要活动。要改善这些局面，需要政府、社会、企业、学校等多方面的共同努力和通力协作，不断加强消防科普教育调研工作，广泛收集意见和建议，促进各方面的资源整合，推动消防科普教育工作的顺利开展。因此，开展高质量消防科普教育工作势在必行。

3 新时代消防科普教育遵循"四大原则"

消防科普教育工作建立在消防科学知识和传播技术基础之上，其核心目标是通过各种形式的科普教育、创作及实践活动，将复杂的、难懂的、枯燥的消防知识和技能转化为公众易于理解的、可接受的信息，并增加一些趣味性、艺术性、互动性等以引起社会关注和共鸣。

钟南山院士不仅致力于科技创新，而且是科普工作的先行者，钟院士在健康科普中要求广大科技工作者秉持"科学、及时，权威、有效，精准、立体"原则[2]，这对消防科普教育工作有重要的参考意义。基于这一科学原则，并结合当下消防科普教育工作，我们研究总结得出新时代消防科普教育必须遵循"科学、准确、及时""权威、可靠、有效""精准、立体、多元""实用、趣味、互动"四大原则。

3.1 "科学、准确、及时"原则

高质量的消防科普教育必须以科学为根本，坚持内容为王、质量先行的目标,将科学、准确、可靠的科学知识传递出去。高质量的消防科普创作必定是建立在高质量、高水平的消防科普创作团队的基础之上的。以应急管理部上海消防研究所(以下简称上消所)消防科普团队研编的"学校消防安全教育"丛书为例,通过团队长期的研究、专家的论证和后期的提升和完善,一套涵盖从幼儿园到高校全学段受众的科学、准确的消防安全教育系列丛书才得以产出(图1,高校对应的图书待出版)。以丛书中的小学图书为例,首先,团队编写这本书时,前期吸纳了国内外最新的消防科普教育研究成果,保证了消防科普知识的科学性和准确性。其次,整本书编排采用"任务驱动型"的组织结构和学习模式,运用"任务引入—知识和技能学习—实践应用"的结构组织学习过程。这种设计,可以更大限度地激发学生的学习兴趣,使学生带着任务参与学习,在完成任务、解决问题的过程中进一步理解、巩固消防知识,内化消防技能,树立消防安全意识,体现"做中学"的教育思想。再次,这是以消防教育为载体的实践应用能力提升型的图书,每个活动都有相关问题解决方法指导,有助于学生经验的迁移、方法的再应用,并提升他们的实践应用能力(表1)。此外,消防科普还需要就公众的关切和疑问作出及时的回应,快速解决公众的困惑和难题,破除不准确、不科学的说法,杜绝误导宣传。

图1 "学校消防安全教育"丛书

表 1 《小学消防安全教育》课序、主题等课程设置

课序	主题	相关问题解决方法指导
活动一	鸥吻小考场	对比实验方法
活动二	鸥吻跳跳棋	产品设计与制作
活动三	寻找家庭中的消防隐患	合作解决问题
活动四	绘制家庭的逃生路线图	绘制平面图
活动五	制作校园防火安全标志	安全标志设计
活动六	火灾疏散演练	活动策划
活动七	考察社区防火安全设施	实地考察
活动八	参观消防中队	做好参观的准备与记录
活动九	影院安全逃生广告	广告宣传需求分析
活动十	交通设施消防逃生手册	合理安排工作顺序

3.2 "权威、可靠、有效"原则

高质量的消防科普教育工作需要依托并以权威机构或专家为主体。通过权威平台或有一定社会影响力的科学家或专家等发布权威、可靠的数据信息，为公众提供科学指导，能够避免以讹传讹。同时，消防科普教育不仅要注重传播的内容、传播的过程，还要注重传播的效果，注重消防科普的有效性。同样以"学校消防安全教育"丛书为例，该套丛书在研编过程中得到许多权威机构、单位的大力支持，他们分别是中国儿童少年基金会、上海市未成年人保护委员会、上海市消防救援总队等，同时也受到了国内许多教育、消防行业的专家的指导，并由面向全国的教育专业出版社——上海教育出版社出版发行。最重要的是，这些图书能够落实到学校进行成果试点应用，团队与教研员、一线教师、学生等合作，制作了一系列学校消防安全教育示范课，以基于《会灭火的大象艾力》设计制作的《幼儿园消防安全教育示范课》为例，该课程就是由应急管理部上海消防研究所、上海市普陀区教育学院和上海市普陀区宜川一村幼儿园共同精心设计制作的。示范课教学方式多样，主要有幼师授课、问答互动、趣味游戏、创意手工和运动体验等，并配有"大象艾力手偶"，给示范课增添生动活泼的色彩，授课内容涵盖幼儿相关消防安全知识和技能，引导幼儿初步认识生活中的火，学习火场自护、自救、逃生技能，增强防火安全意识，提高应对危险的能力。示范课作为消防科普图书的

补充，提高了消防科普传播的效果。

3.3 "精准、立体、多元"原则

高质量的消防科普教育必须精准触达目标人群。精准科普意味着根据不同的受众群体（即有着不同知识文化水平和需求的目标人群），采取差异化方式进行科普宣传。如针对学龄前儿童、中小学生、高校学生、家庭、社区、企业员工、农村地区人员、老年人、行动不便人员等，努力为这些有着不同需求的人员提供个性化、定制化的科普宣传内容和服务。同时，消防科普教育要充分利用新时代红利——新媒体传播技术以及成熟的互联网平台（如微信、微博、抖音等）这类具有用户基数大、传播速度快等特点的新媒体平台，开通官方账号，定期发布消防安全知识、消防科普短文、短视频、动画、直播等，并利用平台的算法推荐机制，将这些内容精准推送给目标人群。2023 年，上消所在官方媒体央视新闻客户端开通了央视号"上海消防研究所"，将消防科普团队的科普研究成果通过该平台进行发布和推广，取得了较好的宣传效果。截至 2025 年 1 月 14 日，《幼儿园消防安全教育示范课》中的"消防安全标志我认识"这一课程观看数量达 652 598 次（图 2）。除了

图 2 "上海消防研究所"央视号宣传幼儿消防安全教育

上述提及的线上科普形式，还可结合线下讲座、访谈、出版科普图书、开展各种形式的科普活动等，从而构建一种立体的、多元化的消防科普传播体系，让不同的人群都能从中获益，以提高全民的消防安全素养。

3.4 "实用、趣味、互动"原则

高质量的消防科普教育必须兼顾实用性和趣味性。除了科学、准确、权威、可靠之外，消防科普还需注重科普内容的实用性，让目标群体能够学以致用，也应提供一些具体的实操环节。例如，发生火灾，如何冷静观察、作出正确判断，逃还是守；楼道逃生应当怎么做，固守待援又该如何处理；灭火器如何使用；过滤式消防自救呼吸器怎么使用；等等。消防科普教育要将这些理论与实操通过多样化的形式（如图文、短视频、动画、游戏等）进行科普，避免单一枯燥的说教方式，同时要在这些形式中融入生动有趣的内容，提高公众的接受度和兴趣，使其在轻松愉快的氛围中学习消防知识。有条件的话，还可设置模拟火灾场景、VR体验、消防实训等互动环节，从而帮助公众更加深刻地理解消防知识和作出正确的判断。例如，由我国火灾科学基础研究领域唯一的国家级研究机构——火灾科学国家重点实验室师生团队创作的科普漫画图书《火团团大冒险》，全书通过四个独立的故事篇章，从消防主角"火团团"的视角出发，探寻火的奥秘与中国古人防火智慧[3]，其知识内容丰富实用、生动有趣，是一部面向儿童、青少年和成人的不可多得的消防科普漫画读物（图3）。为了扩大影响力，创作团队也开展了新书发布会活动，通过线上直播、线下交流互动的方式，共吸引了逾万人关注，实现了科学与人文、历史与现代、深度与趣味的融合[4]，取得了良好的科普效果，增强了公众的消防安全意识。

图3　《火团团大冒险》立体图

4　消防科普教育的实践应用

在实践应用层面，消防科普教育工作的形式多种多样，包括但不限于短文、长文、漫画、动画、视频、游戏、活动、实训等，这些作品与实践可以

通过传统媒体和新媒体平台进行传播和推广，也可以通过现场互动体验来覆盖广泛而又有不同需求的受众群体，以此增强公众对消防知识的认知和理解，从而提高其消防安全意识。当前的消防科普创作无论是在科普内容、呈现形式，还是在传播途径上都有了长足的进步，公民的科学素养也随之不断提升。新时代要求下，我们要投入更多的时间和精力，更加全面、系统、深入地掌握消防科普教育的内容，同时充分调研、了解受众群体不同的科普需求，产出精准科普供给。

随着习近平总书记"科技创新、科学普及是实现创新发展的两翼，要把科学普及放在与科技创新同等重要的位置"[5]重要论断的提出，上消所积极响应国家号召，在新质生产力和高质量发展背景下，要求消防科普创作必须笃定守正、融合创新。除研发的"学校消防安全教育"系列丛书、消防安全实训课程、"家庭火灾求生能力培养"系列动画以及"火灾求生"系列视频以外，上消所在努力产出科学的消防科普内容的基础之上，摸索出不同科普受众群体的不同科普需求，并积极开展针对性强、科普效果佳的新时代高质量消防科普创作。

4.1 消防科普舞台剧

消防科普舞台剧融科学性、趣味性、互动性为一体，通过演员的精彩演绎做到寓教于乐[6]，让观众在剧情发展中了解消防知识，在互动体验中增强消防意识。2020年由上消所和上海金盾艺术团创作的消防科普舞台剧《这不是游戏》（图4），参加上海市科技节展演，取得良好的效果。同时为了延续舞台剧的科普宣传效果，上消所将《这不是游戏》搬到了线上，充分利用了新媒体的优势，扩大了宣传的范围，延长了该舞台剧的生命力。

图4 消防科普舞台剧《这不是游戏》

4.2 消防研学夏令营

为深入贯彻落实习近平总书记关于"推动安全宣传进企业、进农村、进社区、进学校、进家庭,加强公益宣传,普及安全知识,培育安全文化"的重要讲话精神,坚持"人民至上、生命至上"的发展理念,全面落实《国家消防救援局 教育部关于开展2023年消防安全宣传教育暑期专项行动的通知》精神,深入推进青少年消防宣传教育培训工作,拓展青少年消防安全知识面、提高其火灾自护自救能力,让青少年度过一个"安全、健康、有益、快乐"的暑假,2023年7月,上消所与东方绿舟联合创办了"申城小卫士 火焰蓝之旅"消防研学夏令营(图5)。共100名10~14岁的中小学生在教官的带领下,参与为期三天的队列训练、消防装备体验、消防疏散演练以及参观上海消防博物馆等丰富多彩的活动,此次夏令营提高了青少年的消防安全意识、增强了其自救互救能力。同时,学生参加消防夏令营,还能通过一个孩子带动一个家庭,达到促进公众关注、理解消防的作用。2024年,在成功举办第一届消防研学夏令营的基础之上,上消所开拓创新、精心谋划,举办了第二届消防研学夏令营活动,目前该活动已经成为上消所党建特色品牌工程。

图5 消防研学夏令营——参观水域救援

4.3 消防科普讲解大赛

为深入贯彻习近平总书记关于科技创新的重要论述,全面落实中共中央办公厅、国务院办公厅《关于新时代进一步加强科学技术普及工作的意见》

要求，推进消防安全科普工作，提升消防科普人员素质能力，国家消防救援局于 2024 年 6 月举办首届全国消防科普讲解大赛。上消所积极响应，组织科研人员积极参与消防科普讲解大赛（图 6）。通过消防科普讲解大赛的筹备与参赛，科普讲解人员不仅积累了丰富的消防专业知识，让这一过程本身成了一次深刻的学习与实践之旅，极大地巩固了专业知识体系；同时也将这些专业的知识转化成通俗易懂、引人入胜的科普语言，显著提高了消防科普人员的综合素养，为培养上消所消防科普讲解团队打下坚实的基础。

图 6　消防科普讲解大赛录制现场

4.4　消防科普教育基地

为开展专业的消防科普教育工作，向公众提供一个科学、权威的消防学习和体验平台，上消所积极申请建设消防科普教育基地，并于 2024 年正式授牌。该基地是面向公众的现代化、综合性、多功能的科普教育活动场所，是促进全民消防科普的重要基地，拥有模拟电气火灾、室内消火栓、AED 心肺复苏、无人机救援等消防科普互动体验设备，集科学性、知识性、体验性于一体，旨在营造学科学、讲科学、用科学的浓厚氛围，将自身打造为消防行业最具潜力和活力的科普教育基地。目前，该基地已组建了一支消防科普宣讲队伍，积极牵头与机关、企业事业单位、社区、中小学合作，开展一系列科普宣传教育活动（图 7）。同时，基地也将依托上消所的人才优势，逐步开设青少年科创课程，助力"双减"和课后拓展，努力打造成为集科普、科创为一体的现代化基地。

图7　东方绿舟暑托班在科普基地参观学习

4.5　消防科普教育绘本《消防知识与应急避险》

《消防知识与应急避险》（暂定名）由上消所基本科研专项资金支持，即将出版。该绘本遵循消防科普内容为王的准则，将最新、最全的火灾求生理念（包括火灾初起的示警与处置、火灾楼道求生、固守待援、寻找合适的避难间等求生技能以及安装独立式感烟火灾探测报警器、家庭"三清三关"等预防火灾知识）通过儿童能接受的趣味生活故事，以及精美有趣的儿童插画展现出来，形象生动，图文并茂，从而提升儿童学习的兴趣，普及消防安全知识，培养儿童消防安全意识，提高其应急避险能力，为推动未成年人保护工作高质量发展保驾护航（图8）。

4.6　"科教兴国——消防安全科普进大山"沪滇消防合作

为进一步推动学习贯彻习近平新时代中国特色社会主义思想主题教育走深走实，落实习近平总书记关于深化东西部协作和定点帮扶工作的重要指示精神，助力乡村振兴建设，上消所党委在深入调查研究的基础上，提出了"科教兴国——消防安全科普进大山"的沪滇消防救援合作机制。2023年5月，由上消所主导捐建的怒江州消防科普示范基地在云南省怒江傈僳族自治州福贡县省定民族完全小学揭牌（图9）。本次捐建的消防科普示范基地落成在海拔1 200米大山深处的福贡县省定民族完全小学内，所配设备为上消

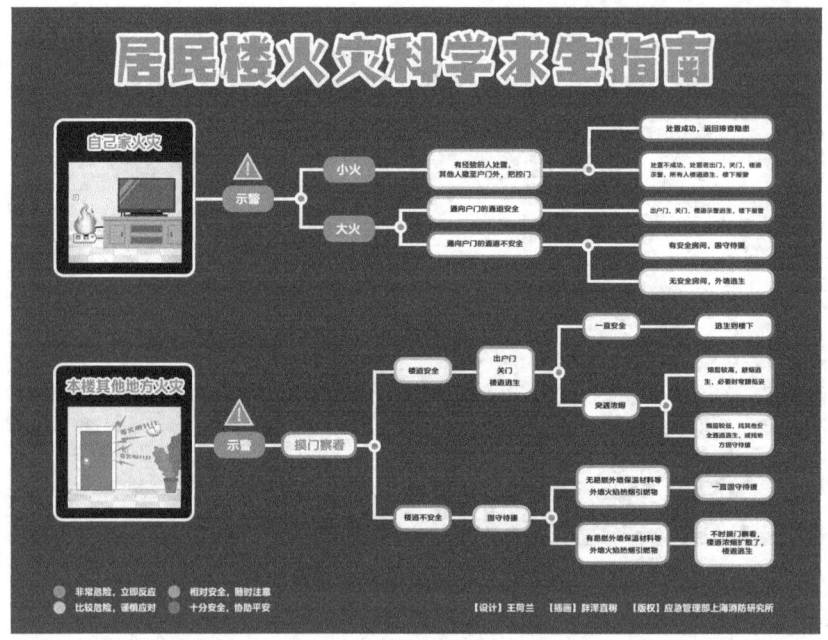

图 8　火灾科学求生指南图（王荷兰设计）

图 9　"怒江州消防科普示范基地"揭牌仪式

所自主研制开发的科普教具，包含家庭火灾烟道逃生体验装置、CPR-AED应急安全科普站、VR高空救援体验、人体触电体验、破拆玻璃逃生体验、灭火器和室内消火栓使用训练体验、电气火灾隐患模拟实验教具，并配有应急安全知识教育视频展播等，具有教育、体验、技能操作、素质拓展等多种功能，能有效地在参观、实操过程中让师生学习消防安全教育知识和技能。此次活动充分发挥上消所的资源优势，为怒江州消防救援支队消防装备建设、学校消防科普教育以及培养相应人才提供了重要的科技支撑。

吴家睿研究员依据新修订的《中华人民共和国科学技术普及法》中有关"科普是国家创新体系的重要组成部分"这一表述，提出"科普是发展新质生产力的一个重要推动力"的观点，他把这种支撑新质生产力发展的科普新功能和新作用统称为"新质科普力"[7]。上消所在消防科普教育工作中，开展了形式多样、内容丰富、引人入胜的消防科普教育活动，以上创新案例无疑为当下消防科普教育工作注入了新的活力与灵感，展现出一种全新的"新质科普力"，这种力量不仅打破了传统消防科普教育较为单一且枯燥的模式，以一种更加生动、活泼、贴近群众的方式，让消防科普知识深入人心，而且融合了新时代背景下的新要求，提高了公众的参与度与互动性，增强了消防科普教育的效果，为我国的消防科普教育工作提供了新视角和新思路。

5 结论

随着科技的不断进步和社会的持续发展，国家对新时代背景下的科普工作提出了更高的要求，科普事业被赋予了前所未有的战略性和重要性。在此背景之下，消防科普教育作为科普领域的关键一环，同样也要紧跟时代步伐，积极响应国家号召。上消所将继续以"新质科普力"为引领，不断深化和完善消防科普教育体系化建设，同时创新消防科普教育方式，产出新时代高质量消防科普教育成果，以此强化公众消防安全意识，提升应急避险技能，并培养其消防安全综合素养，从而推动科普事业的发展。

参考文献

[1] 新华社.中办国办印发《关于新时代进一步加强科学技术普及工作的意见》[N].人民日报,2022-09-05(001).
[2] 王挺.以人民为中心,做高质量健康科普——钟南山院士的科普思想[EB/OL].(2024-05-24)[2024-09-14]. https://www.kpcswa.org.cn/web/press/members/commentary/052460242024.html.

［3］ 消防界.漫画书正式上市：《火团团大冒险：探寻火的奥秘与中国古人防火智慧》[EB/OL].(2024-02-06)[2024-07-04]. https://mp.weixin.qq.com/s/Llw3voEgzl_0qJ0_Y8wfIw.

［4］ 火灾科学国家重点实验室,中国科学技术大学出版社.科普漫画《火团团大冒险》新书发布会成功举办[EB/OL].(2024-03-13)[2024-07-03]. http://news.ustc.edu.cn/info/1055/86617.htm.

［5］ 习近平.为建设世界科技强国而奋斗：在全国科技创新大会、两院院士大会、中国科协第九次全国代表大会上的讲话[M].北京：人民出版社,2016.

［6］ 吴疆.新媒体在消防科普舞台剧传播中的运用研究[J].消防界（电子版）,2022,8(15):31-34.

［7］ 吴家睿.从科普法修订看"新质科普力"｜智见[EB/OL].（2025-01-02)[2025-01-14]. https://mp.weixin.qq.com/s/HbtvFs_5--08NfIoFdjNVQ.

高校科技资源科普化效能评估框架

◎ 王 慧 凌 翔 孙铭婉 杨海燕 丁文江[1]

摘 要 本文旨在探讨高校科技资源的科普化实践与发展，通过对国内高校科技资源科普化实践的深入调查和分析，揭示其现状、问题和原因。研究结果表明，高校科技资源的科普化实践在提升公众科学素养、促进社会科技进步方面具有重要意义，但在科普专业人才培养、科普经费投入、科普宣传平台建设、业绩考核、职称评聘、科普软硬件环境等方面存在不足。针对这些问题，本文提出了相应的对策建议，包括成立专业科技资源科普化领导小组、设置科普人员专门的职称序列、设立科普工作专项经费、改善高校科普软硬件环境、融合数字化社会发展趋势等。

关键词 高校科技资源；科普实践；科普教育；科学传播

1 高校科技资源科普化的重要性

高校作为一个时代的产物，经过长期的发展和演化，已成为集科研和教学为一体的综合社会单元。高校拥有丰富的科普资源，在对社会公众开展的科普活动中可发挥至关重要的作用。近年来，国家和地方管理部门逐渐加大了对高校的经费投入，在众多前沿研究领域，都有我国高校的影子。

2006年1月，为抓住21世纪前20年发展的重要战略机遇期，中共中央、国务院召开了全国科学技术大会，作出了关于实施科技规划纲要、增强

---

1 作者简介：王慧、凌翔对本文有相同贡献，杨海燕为本文通讯作者。
王慧，上海交通大学氢科学中心科普宣传负责人，经济师，主要研究方向为氢科学的科普和传播。E-mail: rosalwang@sjtu.edu.cn。
杨海燕，上海交通大学氢科学中心党支部书记，工程师，主要研究方向为氢农学、科技资源科普化。E-mail: yanghaiyan@sjtu.edu.cn。

自主创新能力的决定,提出了建设创新型国家的重要战略任务,并印发了《全民科学素质行动计划纲要(2006—2010—2020年)》[1],对我国未来15年的科学技术普及工作作出了重要部署,明确了新时期的科普工作以促进人的全面发展为目标,以弘扬科学精神、宣传科学思想、推广科学方法、普及科学知识为主要任务,以加强国家科普能力建设、建立科普事业的良性运行机制为重点,不断提高全民族科学文化素质,营造有利于科技创新的社会环境,具有重要战略意义。

习近平总书记在2016年召开的"科技三会"上指出,"要把科学普及放在与科技创新同等重要的位置"[2],积极鼓励全社会参与科普,这对于在新形势下推动我国科普事业的发展而言具有非常重要的理论指导和实践意义。在此大环境下,高校亦需要加强科学普及工作的力度,更好、更有效地为社会公众科普素质的提高和我国科普事业的发展作出应有的贡献。

科学家参与科学传播在科学普及和科学研究中占据着举足轻重的地位。科学传播直接面向全体国民,具有强烈的现实需求和巨大的社会价值。科学家作为科学知识的生产者和亲历者,通过参与科学传播,能够将深奥的科学知识转化为公众易于理解的内容,从而提升公众的科学素养,增强公众对科学的理解和信任。科学家参与科学传播,尤其是面向青少年的科学传播,有利于激发青少年对科学的兴趣和热情,吸引更多优秀的青少年投身科学事业。此外,还对于科学研究事业的良好发展和优秀科研成果的持续产出具有重要意义。科学家通过参与科学传播,可以与公众建立更加紧密的联系,了解公众对科学的需求和期望,进而推动科学研究更加贴近社会实际,解决社会问题。科学家参与科学传播,能够展示科学研究真实而完整的过程,包括科学研究的方法、证据、推理和判断等。这有助于公众理解科学的本质和科学家的思维方式,建立对科学的信任。通过这种方式,科学家与公众可以在认识论上彼此受益。科学家可以了解公众对科学的认知和需求,从而调整研究方向和传播策略;公众则可以通过与科学家的对话,学会像科学家一样思考,基于证据作出理性判断。

高校利用自身的学科、专业、科技、人才、信息和文化优势,更好地服务经济社会发展,既是使命所在,也是自身发展的显著特征。

2 高校科技资源科普化的发展现状

在我国总体科研水平不断提升的同时,对于公众而言,众多科研项目最终以论文、专利、技术报告等只有领域内少数专家学者才能理解的形式被"束之高阁"，导致我国科研与科普长期处于非对称倾斜式发展的态势，国民科学素质水平并未得到明显提升[3]。高端科研资源科普化是科普信息化条件下开展科普工作的新内容、新任务、新使命，是提高公民科学素养、提升科普教育功能的时代需求。

2021年，国务院发布《全民科学素质行动规划纲要（2021—2035年）》，强调深化科普供给侧改革，在"十四五"时期将科技资源科普化列为"重点工程"之一，并提出要支持和指导高校、科研机构、企业、科学共同体等利用科技资源开展科普工作。

高校科普属于社会服务范畴，欧美国家的高校建有相应的体制和机制，将科普工作作为服务社会的重要内容。美国的斯坦福大学、麻省理工学院，英国的剑桥大学、纽卡斯尔大学等高校设有科普办公室或协调学校科普工作的部门，并在院系设置专门的科普机构。例如，麻省理工学院工程学院设立的拓展（outreach）办公室就有10名工作人员，开展科普工作是其主要职责之一。澳大利亚联邦科学与工业研究组织（CSIRO）成立了一个专门负责科学传播的机构，有100多名拥有自然科学和新闻专业双学历背景的专职传播者，向社会传播CSIRO的研究动态和新成果，并负责该机构多个学术和科学传播刊物的出版工作，每年发表约300篇科学传播文章，备受社会公众欢迎。

近些年来，随着国家政策对科普工作越来越多的提及，科普工作被各大高校摆在越来越重要的位置，各大高校也越来越注重将科技资源转化为科研成果，并对广大师生进行普及。但从总体层面来说，高校科普资源开发利用依旧处在初级阶段，高校师生开展科普服务或从事科普工作还处于一个自发、自主、自由的松散状态，多数是靠情怀和兴趣在做科普，尚未将科普工作变成一种内生动力，积极性有待提升[4]。这表现在没有统一的组织"抓手"，科普工作主要依赖于院系、实验室团队、课题组自发进行。除一些科普项目申请、科普奖评定以外，科研人员对科普知之甚少，大多不了解能够通过何种渠道开展科普工作，也不了解相关的科普政策及激励措施。

另外，在高校层面上，不管是职称评定还是项目立项结题等，都没有科普激励的相关措施，导致科研人员在科普工作上的投入和取得的成绩不在绩效考核范围之内。虽然掌握丰富的科技资源，但长期缺乏认可和鼓励，在研究工作的重压下，很多科技工作者的科普热情会衰减、科普工作的参与度也会降低。与此同时，有些科研机构更看重科研成果的经济性产出，对科普工作不予以重视，科研设施及实验室等并不能完全开放，无法给公众提供更多科普渠道[5]。

高校作为一个知识传承的社会功能主体，如何充分发挥自身在社会科普工作中的作用，将高校科技资源科普化，以服务经济和社会发展，是其全面发展的一个重要的衡量指标。

3 高校科技成果科普化发展工作要点调查研究

上海交通大学氢科学中心是集科学研究和创新人才培养于一体的省部级重点实验室。中心自成立以来，即把科普放在与科技发展同等重要的位置。中心拥有专业的科普教师团队，近年来除开展各类国际、国内学术交流外，还承接了多项国家级、省部级科普项目，并组织各类科普活动100多场，科普资源惠及数千万人次。上海交通大学氢科学中心设计了调查问卷，调研"前沿科技成果科普化"工作开展现状，并征集调查对象对高校开展前沿科技成果科普化工作的对策建议。问卷从调查对象年龄、科普实施者的项目角色、科普经费来源及经费构成、科技资源科普化产物、科普宣传平台、科普推广形式等多个维度展开调查，收集了150多份调研数据。比较有代表性的调查数据分析如图1—图4所示。

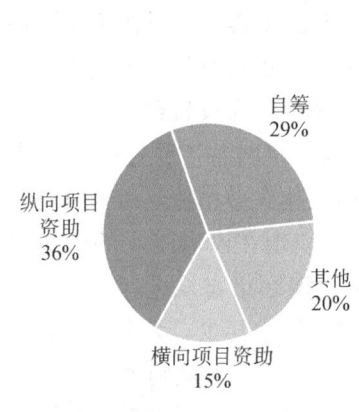

图 1　科普经费来源

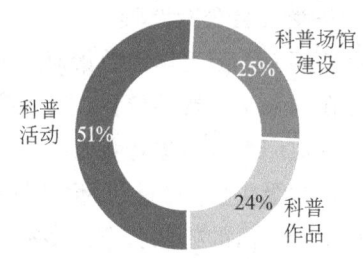

图 2　科普产物

从调研数据来看，超过70%的受访者表示开展科普活动的经费不足；仅15%的受访者表示开展的科普活动受到过企业的资助；约四成的受访者表示，会将科研经费的10%以上用作科普经费；约39%的受访者表示，获得

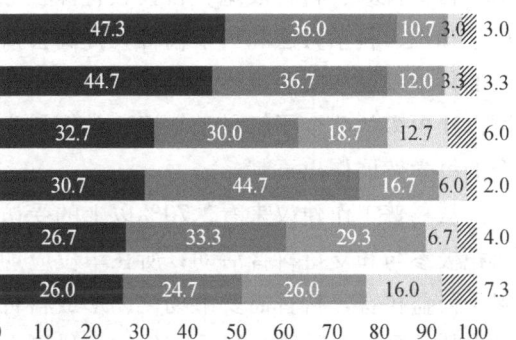

图 3　科普工作建议投票百分比

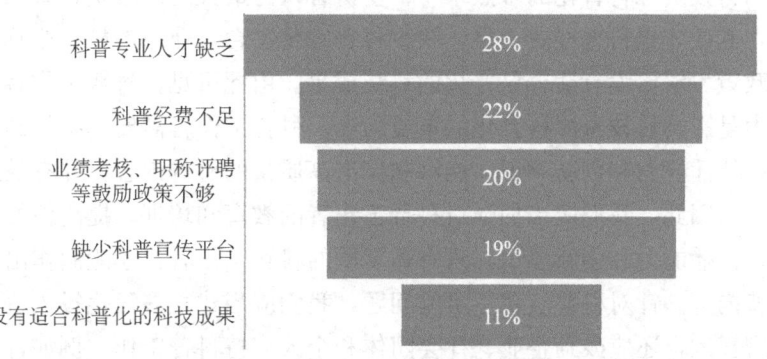

图 4　科技资源科普化的难点

科普经费的主要困难是政府设立的科普项目少且竞争激烈；约30%的受访者表示，获得科普经费的主要困难是所在单位缺少科普专项开支；约29%的受访者表示，获得科普经费的主要困难是缺少市场效益，难以得到企业的支持。由此可见，政府、企业、个人等都可以成为科普经费的提供者。其中，政府是科普经费的主要来源之一。各级科技、教育、文化等部门都承担着一定的科普工作，政府通过财政拨款的方式提供经费支持。同时，科普实施单位也需要积极争取社会各界的支持，如与其他机构合作开展科普项目，获得项目经费支持等，以期提高科普经费的投入和使用效率。

调研发现，超过70%受访者表示科普创作的素材来源于团队科研成果；超过50%的受访者表示其科技资源科普化的产物为各类科普活动，如讲座、课程、展板、公众开放日、实验室云参观等。科普产物是指通过科普活动所创造出来的各种产品和成果，包括但不限于科普活动、科普图书、科普文章、科普视频、科普展览、科技教育课程等。这些科普产物旨在向公众传播科学知识、科学方法和科学精神，提高公众的科学素质和文化素养，促进社会的科学发展和文明进步。科普产物是科普工作的重要组成部分，通过它们可以让更多的公众了解科学知识、掌握科学方法、弘扬科学精神，为推动社会的科学发展作出贡献。

从科普工作建议来看，70%以上的受访者都赞成以下观点：科技人员应当积极参与和支持科普活动；所在单位应加大对科普工作的支持；科普不局限于公益科普，科普需要市场化以形成科普产业，促进科普可持续发展。超过半数的受访者赞同将科普工作纳入科研人员的日常业务考核和评奖评优指标中；专业技术职称评聘时应将科普工作业绩作为考量因素之一；高校应该设立科普专业，培养科普人才。

从科技资源科普化的难点来看，受访者认为最大的困难是科普专业人才缺乏，其次才是科普经费不足，缺少科普宣传平台，业绩考核、职称评聘等鼓励政策不够，没有适合科普化的科技成果。由此可见，科普工作者的素质和能力是影响科技资源科普化的重要因素。科普工作者需要具备较高的科学素养、传播能力和创新意识，能够制作出高质量的科普内容，并有效地传递给公众。因此，我们应当加强对科普工作者的教育和培训，提高他们的科学素养、传播能力和创新意识。只有高素质的科普工作者，才能制作出高质量的科普内容。针对科普经费不足的问题，我们应当建立多元化投入机制：除了政府投入，还应鼓励企业、社会团体和个人支持科普工作。例如，设立科普基金、鼓励企业进行科普公益捐赠等。科技资源科普化是一个复杂的过程，涉及科技资源的筛选、转化和传播等各个环节，需要全社会的共同努力和支持。

经调研发现，虽然近年来我国在科普工作上取得了一定的进展，但科技资源科普化仍面临着一些难点和挑战。

（1）科普意识不强。一些高校教师和科研人员对科普的重要性认识不足，缺乏科普意识和积极性，未能充分发挥自身在科普方面的作用。应加强对科普工作者的教育和培训，提高他们的科学素养、传播能力和创新意识。

（2）科普设施不完善。一些高校的科普设施建设不足，科技馆、博物馆、实验室等缺乏，无法满足公众对科普的需求。针对这一问题，除完善科普设施外，还可以利用数字媒体、社交网络等现代技术手段，扩大科普的覆盖面和影响力。例如，开发科普APP、制作科普视频、利用直播平台进行科普讲座等。

(3) 科普活动不够丰富。尽管一些高校会举办一些科普活动，但总体来说，科普活动的数量和质量都有待提高，一些科普活动缺乏创新性和趣味性，无法吸引更多的公众参与。科普内容的创作和设计是科技资源科普化的重要环节。如何将科技知识转化为通俗易懂、生动有趣的内容，让公众易于理解和接受，是一项具有挑战性的任务。同时，科普内容还需要注重科学性、准确性和趣味性，避免传播不科学或伪科学的内容。

(4) 科普传播渠道单一化。科普传播渠道的建设也是科技资源科普化的重要环节。要将科普内容有效地传递给公众，需要科普工作者深入了解受众的需求和特点，选择合适的传播渠道和方式。例如，针对不同年龄段的受众，需要采用不同的传播方式和内容形式，以达到更好的传播效果。

(5) 科普教育缺失。一些高校在科普教育方面有欠缺，缺乏对学生的科普教育和培训，导致学生的科学素养不高。科普实施单位应加强与学校的合作，将科学知识融入课程中，让学生在日常学习中就能接触科学。此外，也可以为科普教师提供培训，提高他们的科学素养和教学能力。

4 高校科技资源科普化的探索与实践

高校实验室承担着国家和各部门重大科技专项、产学研合作专项等研究课题，如何将科研项目的内容、成果等进行科普化，把专业、深奥的科学变得简单易懂是进行科技成果科普化的关键[6]。

高校内的知识分子作为"科学传播的发球员"，应自觉自发地投身科普事业，成立科普团队，各尽所长，各司其职，共同创造良好的校园科普环境，这对于推进高校科技资源科普化具有重要意义。在新形势下，高校不能再以传统的教育理念和教学方法来指导科普的发展，而是需要改变封闭的学科体系，不断拓展和融合专业空间，重实践、跨学科，充分利用自身的教育资源优势，突出各校的科普特色，开发品牌原创科普课程、开展特色科普活动项目。科普的价值在于大众化，在于最大化地满足人民美好生活的需求。科普资源的传播方式应融合时代特征，使传播效果最大化[7]。

高校科普不但要肩负起在校大学生的科普教育工作，培养具有辐射能力的"通才"，还要尽己所能，推动科普资源的开放共享。普及科学技术知识，提高全民科学素质，这既是建设创新型国家的内在要求，也是培育创新人才的基础工程。高校将科教仪器、场馆设施、教学科研成果等科技资源向社会开放，有利于科学知识与科学技术的传播和普及，提升公众科学知识水平和自主创新意识；有利于促进科学技术走出实验室，走进生活，并转化为真正的生产力；也有利于高校自身提高教学科研水平、促进资源开放共享、扩大社会影响力。

在学校，科普活动不能只是让学生作为"观众"，更应让学生作为科普活动的"参与者"，为学生在科学和社会之间搭建一个桥梁，利用其自身掌握的专业知识为社会服务，同时形成学生科学的自然观和严谨求实的科学态度，激发学生的学习兴趣，促使科普工作蓬勃发展[8]。

上海交通大学氢科学中心通过几年来的科普工作实践，探索出了一条高校科技资源科普化的建设及服务路径（图5）。

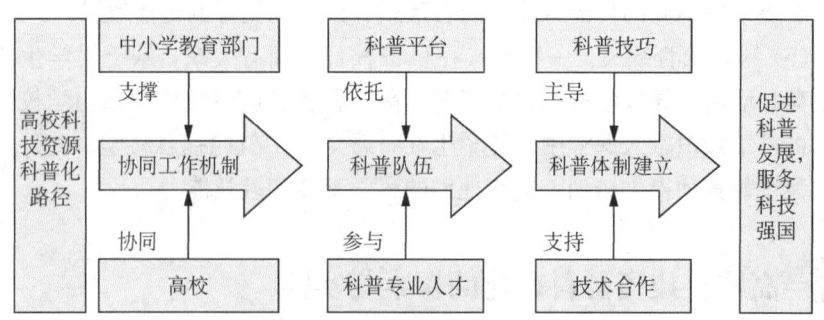

图5 高校科技资源科普化的建设及服务路径

高校科技资源科普化的探索与实践是一个重要且不断发展的领域，旨在将高校的科研设施和设备、科研成果、科研人员等科技资源转化为科普设施、科普产品和科普人才，进而提升公众的科学素质。具体来说，可以从以下几个方面展开：

（1）建设科普基地。高校可以利用自身的科研设施和设备建设科普基地，如科普实验室、科普展览馆等，向公众开放，提供科普教育和体验服务。

（2）开展科普活动。高校可以组织丰富多彩的科普活动，如科普讲座、科普展览、科普竞赛等，吸引公众参与。这些活动可以结合高校的科研方向和特色，呈现具有趣味性和互动性的科普内容，以提高公众的参与度和兴趣。

（3）开发科普产品。高校可以依托自身的科研成果和专家资源，开发科普图书、科普视频、科普软件等科普产品，满足公众多样化的科普需求。这些产品可以通过线上和线下的方式进行传播和推广，以扩大科普的覆盖面和影响力。

(4) 培养科普人才。高校可以加强科普人才的培养和引进，建立一支专业的科普队伍。通过培训、交流和实践等方式提高科普人员的专业素养和科普能力，为科普工作提供有力的人才保障。

目前高校的科技资源在科普化应用上仍存在一定的问题，例如，科普教育的受众群体覆盖面不够广泛。高校科普活动70%以上的受众群体为本校大学生，无论是院士讲座还是专家报告，基本都针对在校大学生，因此社会大众了解前沿科学技术的直接渠道就受到了影响；约15%的受众群体是中小学生，针对他们的普遍是趣味性、基础性科普，对科技创新的促进作用有限[9]。

5 大力加强高校科技资源科普化的建议和对策

5.1 成立专业的科技资源科普化领导小组

近年来，随着"科技资源科普化"相继在各类政策文件中被提及，有关部门已经对科技资源科普化达成了共识。但是国内普通高校的科普工作力量还是较为分散的，没有一个部门统筹管理。要建立高校科技资源科普化的长效机制，需成立实体的科普专项工作领导小组，统筹科普工作的规划，同时针对科技资源科普化开展专题研究，为科普工作提供理论支撑，切实提高高校科技资源的开发利用率。

5.2 为科普人员设置专门的职称序列

目前科普工作的激励机制尚不明确，无法保证科普人员的深度参与，且科普人员科普能力欠缺的情况时有出现。职称作为衡量专业技术人才能力和水平的标尺，是专业技术人才职业发展的阶梯和通道，承担着引导和激励专业技术人才的重要功能[10]。应加强科普人才发展的顶层设计，通过培训提升科普人员的专业技术水平，如科学传播和沟通表达力等，使其契合当代社会对科普人才的需要。另外，建议从学校政策层面进行改革，将科普人员作为专业技术职务管理，形成良性机制，打通科普人员的职业晋升通道。

5.3 设立科普工作专项经费

经调研发现，大多数团队开展科普活动的经费主要靠自筹，加上科普工作以公益化为主，科普工作盈利点不明确，尚未建立起有效的产业链，难以保障高校科普工作的健康稳定发展。高校除了帮助科研工作者从各类科普项目中获取经费外，还应破除障碍，在高校经费制度上发力，设立科普工作专项经费，同时应积极拓展科普资金的融资渠道，发挥引导作用，积极引入社会资金投入科普事业中，构建多元化、多渠道的科普经费体系[11]，以期更好地引导、支持校内师生开展科普活动。

5.4 改善高校科普软硬件环境

高校可以加强科普设施建设，如科技馆、博物馆、实验室等，以提供更好的科普环境和条件。据统计，2022年，全国共有高等学校3 013所。这些高等学校基本建有图书馆、专业实训室、科研平台和实验室等硬件资源，实训室、科研平台有国家级、省部级、市厅级，还有行业协会重点打造的平台以及各个学校根据自身特色而设立的平台[12]。

但是通过我们的调查研究发现，高校在科普软件环境建设方面仍有待提高。受访者普遍表示，专业人员缺乏仍是目前高校科技资源科普化最大的难题。建议从以下两个方面加强：一方面，实施科普技术队伍建设，通过加大科普人才的培养力度，提高科普人员的专业水平和整体素质；另一方面，提高科普人员待遇，鼓励高校科普人员积极参与科普工作，提高他们的工作积极性和创造力。

此外，加强对高校教师和科研人员的科普培训和宣传，提高他们对科普重要性的认识也很重要；适当增加科普活动的数量和质量，创新活动内容和形式，能够提高公众参与度；加强对公众的科普教育和培训，有助于提高公众的科学素养和科学意识。

5.5 融合数字化社会发展趋势

高校科技资源科普化的未来发展将更加数字化、智能化和社交化。随着科技的发展，高校科普将更加注重数字化技术的应用，如虚拟现实、增强现实等，以期为公众提供更加生动、形象、有趣的科普体验。同时，高校科普也将更加注重智能化发展，通过人工智能等技术手段，提高科普的精准度和效率。

高校和科研院所在人工智能理论研究方面有着独特的优势，可组织青少年参与人工智能领域的科学实验和科研工作，提高他们的科学探究兴趣，引导他们感受科学精神和科学家精神[13]。此外，高校科普还将更加注重社交化发展，通过社交媒体等平台，加强与公众的互动和交流，提高科普的影响力和传播效果。

参考文献

[1] 国务院.全民科学素质行动计划纲要(2006—2010—2020 年)[M].北京:人民出版社,2006.
[2] 习近平.为建设世界科技强国而奋斗——在全国科技创新大会、两院院士大会、中国科协第九次全国代表大会上的讲话[M].北京:人民出版社,2016.
[3] 赵军,王丽.促进科研项目科普化的对策及相关思考[J].科普研究,2014,9(04):23-28.
[4] 曹乐丁,周家筠,郑久良.高校科普服务的现状、问题与对策研究——以江苏省为例[J].学会,2022(03):52-57.
[5] 敖妮花,龚惠玲,鞠思婷,等.高端科研资源科普化面临的机遇与挑战——以科普展览为例[J].科学管理研究,2016,34(03):1-4.
[6] 王燕华,乔鹏,徐伟杰,等.加强科普基地建设提升高校社会服务职能[J].实验室研究与探索,2020,39(02):254-257+307.
[7] 王小明.数字时代的科普产业[J].科学教育与博物馆,2021,7(01):1-5.
[8] 赵娜.新冠病毒疫情下高校化学科普教育探析[J].包装工程,2021,42(S1):257-260.
[9] 卢阳,李娜,贾漫丽,等."两翼理论"下高校科技资源科普化效能提升路径研究[J].现代农村科技,2023(06):119+63.
[10] 黄荣丽,曹晶,闫进芳,等.学会工作人员职业发展现状及需求研究——以参与科普职称情况为例[J].今日科苑,2024(03):7-17.
[11] 刘敏.河南省科普工作现状与发展研究[J].河南科技,2024,51(11):148-152.
[12] 庞利.高校科普服务社会的使命和路径[J].广州开放大学学报,2024,24(02):87-91+111-112.
[13] 王琪,王迪鑫,王学旗.科技馆开展人工智能科普教育的经验、困境和路径[J].今日科苑,2024(01):44-54.

医务工作者面向公众如何更好地开展健康科普？

◎ 徐 峰[1]

摘 要 在当今人工智能信息时代，公众从多种途径获得医药科普资讯，其中有些内容、观点莫衷一是、各执一词。限于自身的医学认知水平，公众对各种矛盾内容和观点困惑不已、无所适从。作为卫生健康专业人员，医务工作者肩负开展科学、全面、客观的健康科普的使命，理应讲好、做好医药科普，提升公众健康素养，促进医患沟通与合作，推动医疗体系改革与发展，促进医药行业健康发展，提升社会整体健康水平。医务工作者在进行科普时应严格参照最新的、最具权威性的循证医学证据，并提供专业论据和见解。同时，科普内容应做到"信达雅"，应谦虚，不跨界，不双标，并关注人文，提供个性化科普，让更多的人了解健康知识、享受健康生活。

关键词 医药；科普资讯；健康；人文

中国特色社会主义进入新时代，人民群众物质生活水平大大提高，越来越多的人更加注重身心健康。当今经济社会快速发展，各种渠道的网络信息传递迅速，人们了解关于医药等科普知识的途径也愈发多样化。2021年12月5日，一档由上海市卫生健康委员会、上海市健康促进委员会办公室、上海教育电视台共同打造的国内首档大型健康科普电视脱口秀节目——《健康脱口秀》（第一季）——横空出世。沪上各家医院"科普明星"们围绕"公共卫生、饮食健康、运动健康、职场健康"等主题宣讲，助力市民养成健康生活方式，展现上海医务工作者的海派风范和人文情怀。当沉浸式脱口

---

1 作者简介：徐峰，北京协和医学院博士，上海交通大学附属第六人民医院南院/上海健康医学院教授，博士生导师，中国药学会临床药学专委会委员，上海市药学会药学教育专委会主任委员，主要研究方向为合理用药。E-mail: lyn_xuf@sumhs.edu.cn。

秀舞台聚光灯打开的瞬间，一个个青年医学才俊轮番登场，以科学的姿势吐槽，用健康的金句辟谣，调侃埋汰活灵活现，闲谈趣说生动演绎，在欢声笑语间传播正确的医学知识，探索出科普的新模式，引领着健康的新时尚。然而，在人工智能海量信息传播的时代，往往流传着互相矛盾的"健康科普"信息，这一现象已引起医学界有识之士的关注与思考。

1 科普活动中有争议的观点内容枚举

以"食用韭菜是否能壮阳"这一有争议的观点为例。长期以来，国内中医学者基于临床经验和实验研究均普遍认为韭菜作为一种常见的蔬菜食用后具有壮阳作用，因为韭菜含有多种营养物质和微量元素，包括锌、维生素A、维生素C等[1,2]，而锌是形成睾丸激素不可或缺的元素。但2021年12月的一场健康脱口秀中，一位科普人反驳道，现代医学认为韭菜含锌量极低，并不能起到壮阳的效果。

回顾医学发展史，与维护生命健康有关的富有争议的话题不胜枚举。"维生素C能否防治感冒"就是非常著名的一个。维生素C是一种对人体至关重要的水溶性维生素，在人体内起着抗氧化、促进胶原蛋白合成、增强免疫等作用[3]。20世纪70年代，有多项研究显示每天多吃几克维生素C可以使身体更加健康，以诺贝尔奖获得者、化学家鲍林（Pauling）教授为代表的科学家认为维生素C可预防感冒[4,5]。但另一阵营的很多专业人士则反对这一观点，他们认为适当补充维生素C并不能预防或者治疗感冒[6]。学术界的这一争论一直延续至今。此外，关于"饮酒对人体是否有益"也一直是备受争议的话题。世界各国都有喜欢饮酒的人，为聚会、为友谊、为解乏、为消愁。许多人认为，适量饮酒无论是在身体上还是心理上都是利大于弊。对于爱好饮酒者来说，饮酒能缓解压力，令人心情愉悦。有研究显示，适量饮酒往往会对代谢特征和共生菌群产生更积极的影响[7]。然而，2018年《柳叶刀》杂志上发表的一项覆盖195个国家或地区2 800万人数据的研究[8]显示，1990年至2016年间，在中国由酒精导致死亡的男性人员数量高达650 822人，饮酒是中青年男性死亡的"头号凶手"。根据美国疾病控制与预防中心（CDC）最新消息，经常饮酒会增加以后患癌症的概率。CDC劝诫人们"通过少喝酒或完全不喝酒来降低患癌症的风险"。

2 是什么导致医药健康科普资讯各执一词？

医药健康科普资讯本应是面向广大公众，以通俗易懂的方式传播正确的、科学的、最新的医药学知识、健康理念、疾病预防、治疗方法等方面的信息。这类资讯旨在提高公众的健康素养，帮助人们更好地理解和管理自身及家人的健康问题，促进医患之间的有效沟通，推动健康生活方式的普及。然而，当前医药科普资讯所带来的效应却不尽如人意，最常见的问题之一便是医药科普资讯各执一词、莫衷一是。此现象产生的原因总结为以下五点。

2.1 泛知识类视频兴起、内容失真

在广告带货与直播电商等新兴盈利模式的强劲驱动下，泛知识类视频异军突起，超越了娱乐性视频，跃居流量舞台的中央，成为备受瞩目的"新宠"，在哔哩哔哩、抖音、快手等平台上纷纷涌现，竞相刷屏，营造出一个全民参与、热情高涨的科普时代。然而，随着视频制作技术的日益简化，大量非医学背景的创作者如潮水般涌入这些平台。他们为了吸引观众眼球、赚取流量、紧跟热点潮流，不惜采取复制、粘贴等手段，对内容不加辨析，导致视频内容不可避免地出现了失真现象。

2.2 资深科普作者面临知识老化问题

随着医学领域的不断进步，相关诊疗指南每年更新，专家共识亦如雨后春笋般层出不穷，同时创新药物如潮水般涌入市场，使得众多老旧药物逐渐退出历史舞台。在这一背景下，部分"资深"科普作者面临着知识老化的问题，他们所提供的科普资讯因此显得陈旧过时，难以跟上时代的步伐。

2.3 年轻跨专业医务工作者主观倾向性较强

众多年轻且跨专业从事科普的医务工作者，由于临床经验尚浅，对专业知识的理解不够深入，有时仅凭个人有限的临床诊治经历，便草率推荐药物，而忽略了提供具体医学证据的重要性。这样的科普内容往往显得不够全面，且带有较强的主观倾向性。

2.4 部分科普工作者态度不严谨

部分科普工作者在科学传播的过程中态度不够严谨，为了吸引公众注意

力，他们在科普内容的语言表达或文字描述上选择走极端路线，故意夸大其词，将观点简化为非黑即白的对立面，所得结论过于偏激或绝对化。更为严重的是，极少数所谓的"专家"丧失了专业道德底线，沦为了特定利益集团的代言人，失去了科普工作应有的客观性和公正性。

2.5 少数医学工作者对传统医学存在认知误区

少数医学工作者对传统医学存在认知误区，他们认为中医缺乏科学依据、中医治疗速度慢、中医只能治疗小病、中医与西医水火不容等。

3 如何解决公众对矛盾科普资讯的疑惑？

在创作科普内容时，我们应当严格参照最新的、最具权威性的循证医学证据，以及相关专业领域内广泛认可的诊疗共识和指南等指导性文件。这样不仅能确保科普内容的准确性和专业性，还能为公众提供清晰、明确的答案或结论，从而满足他们对健康知识的需求，并促进医学知识的科学传播。另外，在尚未获得最新、最权威的结论或共识，且同一时期多种专业观点并存的情况下，医务工作者应当充分发挥其专业优势，从专业角度出发，精确且负责任地提供专业论据和见解。应当允许公众积极参与讨论，对于存在异议的观点，医务工作者应保持客观中立，避免无端诋毁或过度评论。医务工作者科普的目标是帮助公众基于他们自身的逻辑思维能力和基本科学素养，进行自我辨析、自我消化和自我判断。医务工作者应鼓励公众提出问题，引导他们思考，并提供足够的信息和解释，使公众能够在理解各种治疗方案的基础上，与医疗团队共同作出最适合自己的治疗选择，实现真正的医患共决策。

关于"韭菜是否能壮阳"这一案例，其实，中国传统医学对男性性功能障碍已有大量论述，并积累了丰富的临床经验。中药能够通过多靶点、多系统、多部位作用于全身，温和缓慢而持久，改善全身症状，且许多中药具有雄激素样作用，可治疗勃起功能障碍[9]。中医认为韭菜补肾、温中行气、主肾虚阳痿等[10]。韭菜籽温补肝肾、壮阳固精，用于阳痿遗精等[11]。文献研究同样显示，韭菜籽提取物的确能够刺激大鼠性兴奋和增强性执行力[12]。事实上，中国传统医学和现代医学成长于不同文化的哲学体系，一个注重形而上且更多关注无形精神层面，一个偏重"分子—细胞—组织—器官—系统—机体"生物学各个层次的物质层面。二者各有其长，可以也能够共存；治病，应允许"八仙过海各显神通"。生有涯而知无涯，人类远远没有深入了解中国传统医学确切疗效的机制，也缺乏实事求是的态度。在临床实践中，我们不妨以轻松包容的态度来处理这个话题。如果一个男性喜欢吃韭菜吃羊肉，潜意识中期望能获得有益于健康的作用，医务工作者为什么要反对他通过食疗去进补呢？

关于维生素 C 可以减轻感冒症状这一案例，2023 年 12 月，芬兰学者完成了一项最新循证医学研究[13]。该研究共纳入 15 项相关研究，涉及 4 437 名患者，结果显示额外补充 1 g/d 的维生素 C，能够降低普通感冒患者 15% 的误课（误工）率，严重症状的持续天数缩短 76%，患者病情加重的概率降低 13%。所以，我们的观点是在感冒易发时期，儿童、老年人、免疫力低的人群，可以适当补充维生素 C，增强机体的抗病能力。

饮酒是否有益？饮酒当有"度"，酗酒不可取。所有的酒都无法逃避酒精有害于人体的根本属性。权威专家们也无法劝诫爱酒的人滴酒不沾。医务工作者能提出的建议是尽量避免饮酒，少量适度饮酒，方为明智之举。

4 医务工作者如何开展医药健康科普？

医务工作者面向公众进行健康科普是其重要的社会责任，也是提升公众健康素养的有效途径。医务工作人员在利用互联网进行医药健康科普的同时应该严格遵守互联网科普原则，并做到以下六点。

4.1 科普讲究"信达雅"

中国最早的科普始于清末科学启蒙大师翻译介绍外国科普书籍，讲究"信达雅"。信指科普内容应客观、准确、全面地传递学界达成的广泛共识；达即接地气，使公众看得懂、好理解；雅强调趣味性、话题性。科普人应具有深厚的学术功底和独立思考的能力，充分了解最新的、最确切的医药学前沿成果。

4.2 科普人当谦虚

科普人既应保持专业和学术的独立性，亦应包容、尊重其他学者的不同观点。态度要诚恳，不为博眼球，不为挣流量，不刻意营造"金句"，不随性定义"谣言"，不玩光怪陆离的文字游戏，不随意"整词儿"。公众若对科普内容有质疑，可以讨论，可以保留意见，科普人不应批评或指责公众、患者的"固执己见"或"愚昧"。

4.3 科普人不跨界

现今科学分支越来越细,科学传播不能包打天下。不越界指的是千万不要讲自己根本不懂或知之甚少或仅仅依靠网络搜索出来的一点皮毛的东西。科普人要有自知之明,很多时候应甘当配角,错位发展。

4.4 科普不要双标

需要维护一个东西的时候,就说"抛开剂量谈毒性是耍流氓";需要诋毁一个东西的时候,就说"抛开剂量谈毒性是耍流氓"是伪科学。如果教科书支持自己的观点,就说初中生都知道;如果教科书不支持自己的观点,就说教科书也可能是错的。这种双标行为应杜绝。

4.5 科普关注人文

在科普工作中,科普内容是否新颖、科学、正确、权威非常重要,公众基于自身的科学素养和文化程度是否能正确理解、接受并践行我们的科普内容同样重要。另外,科普内容和方式一定要靶向精准人群,有的放矢。要尊重公众,这是科普工作者最重要的人文修行。例如,面对日常服用补益品的老人,切记不要轻率地去批评中医养生,剥夺他们正在享受的养生满足感。现代医学并不是万能的,很多时候往往无能为力。很多被现代医学宣判"死刑"的病患,如果没有后续的象征性治疗,该有多么无助?中医在临终关怀方面有其独特的优势。中医的神奇功效可以让濒死者存有一丝希望,积极地面对生死。科普的人文考量要体现人文关怀,就是关注人的生存与发展,就是关心人、爱护人、尊重人;同时也需关注患者的身心需求,尊重患者的世界观、人生观、价值观。与公众建立相互信任的关系,通过有效沟通和对话,设身处地为受众考虑,才能完成我们的科普使命。

4.6 做个性化科普

2019年,国务院办公厅印发《健康中国行动组织实施和考核方案》,要求逐步建立医疗机构和医务工作者开展健康教育和健康促进的绩效考核机制。2021年,国家卫生健康委员会等三部门联合发文,要完善医务工作者执业能力评价标准,实行成果代表作制度,科普作品可作为业绩成果代表作之一。医务工作者出于绩效和晋升的考虑,平台出于流量变现的要求,会推动一个全民科普的大时代到来。

在社区、敬老院、幼儿园、购物广场、白领聚集的办公大楼等场景中，在很多时间节点，如妇女节、劳动节、青年节、国庆节这些重大节日，在几十人到上百人的集会上，到处可见医务工作者耐心细致答疑解惑的身影、声嘶力竭的演讲。但这还远远不够，医务工作者应该尽量在门诊、在病床旁对每一个患者做到个性化科普，这样的科普准确、适度、精准，事半功倍。

参考文献

[1] 王俊魁,杨帆,赵丽华,等.沙葱与韭菜中营养成分分析比较[J].营养学报,2013,35(01):86-88.

[2] 李贞霞,孙丽,杜晶晶,等.太行山野生韭菜与栽培韭菜主要营养品质比较[J].北方园艺,2013(16):45-47.

[3] LYKKESFELDT J, MICHELS A J, FREI B. Vitamin C[J]. Advances in Nutrition, 2014, 5(1):16-18.

[4] PAULING L. Vitamin C and common cold[J]. JAMA, 1971, 216(2):332.

[5] WILSON C W, LOH H S. Common cold and vitamin C[J]. The Lancet, 1973, 301(7804):638-641.

[6] HEMILÄ H. Vitamin C supplementation and common cold symptoms: problems with inaccurate reviews[J]. Nutrition, 1996, 12(11-12):804-809.

[7] ZHAO X Y, ZHOU R L, LI H Y, et al. The effects of moderate alcohol consumption on circulating metabolites and gut microbiota in patients with coronary artery disease [J]. Frontiers in Cardiovascular Medicine, 2021(8):767672-767692.

[8] G M G, NANCY F, CAITLIN H, et al. Alcohol use and burden for 195 countries and territories, 1990-2016: a systematic analysis for the Global Burden of Disease Study 2016[J]. The Lancet, 2018, 392(10152):1015-1035.

[9] 任凯,郭军,于文晓,等.中医药治疗勃起功能障碍随机对照临床试验报告的质量评价及思考[J].中国性科学,2023,32(04):123-127.

[10] 李昊鹏.韭菜的活性成分和生理功效[J].青春岁月,2012(10):380.

[11] 刘宏敏,乔保建,马培芳.韭菜籽中生物活性物质及其生理功效研究进展[J].农业科技通讯,2011(04):119-121.

[12] ZHANG Y, ZHOU F X, GE F H. Effects of combined extracts of Lepidium meyenii and Allium tuberosum Rottl. on erectile dysfunction[J]. BMC Complementary and Alternative Medicine, 2019, 19(1):1-6.

[13] HARRI H, EIIZABETH C. Vitamin C reduces the severity of common colds: a meta-analysis[J]. BMC Public Health, 2023, 23(1):2468.

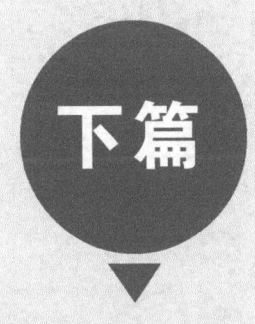

下篇

传播智见

从科普法修订看"新质科普力"[1]

◎ 吴家睿[2]

中国正在迈入一个新发展阶段，过去以传播科学知识为主要任务的科普也随之进入到一个科普发展新阶段。科普的这一演化特征可以通过对2002年6月颁布施行的《中华人民共和国科学技术普及法》（以下简称《科普法》）与2024年12月25日全国人大常委会会议通过的《科普法》修订版（以下简称《修订版》）之比较来加以认识。

《科普法》对科普是这样定义的："科普是公益事业，是社会主义物质文明和精神文明建设的重要内容。"而《修订版》则新增了一条，确定了科普的全新内涵："科普是国家创新体系的重要组成部分，是实现创新发展的基础性工作。国家把科普放在与科技创新同等重要的位置……推动科普与科技创新紧密协同……"由此可以看到，《修订版》不仅保留了传统意义上的科普目标和作用，而且还赋予科普新的地位和功能。

需要强调的是，《修订版》提出的科普新内涵可以认为是对国家创新体系的补充和完善。首先，科普和科技创新是国家创新体系的两翼，缺一不可；其次，科普是国家创新发展的基础，要实现科技创新发展离不开科普；此外，科普与科技创新在国家创新体系里应该保持紧密联系并且协同作用。

为了推动国民经济的高质量发展，国家不久前提出了一个重要的战略举措：以创新为核心驱动力，发展新质生产力。显然，科技创新在新质生产力发展中发挥着重要的作用，但是，从以上的分析来看，科普在新质生产力发展中的作用同样非常重要，它与科技创新共同支撑着新质生产力发展。笔者把这种支撑新质生产力发展的科普新功能和新作用统称为"新质科普力"。可以这样说，《修订版》提出的科普新内涵之核心正是支撑新质生产力发展

---

1 本文发表于《世界科学》杂志2025年第2期，有改动。
2 作者简介：吴家睿，上海交通大学主动健康战略与发展研究院执行院长，中国科学院上海高等研究院国家蛋白质科学研究（上海）设施主任，上海市科普作家协会理事长。

的"新质科普力"。从《修订版》新增的内容来看，许多都与"新质科普力"高度相关。

在《修订版》总则中，科普事业所服务的国家战略目标有了较大的调整。《科普法》第一条里第一句话是这样写的："为了实施科教兴国战略和可持续发展战略……"而《修订版》则把这句话改为"为了实施科教兴国战略、人才强国战略和创新驱动发展战略……"这一修改可以理解为是要把科普事业的主要目标更加明确地指向支撑新质生产力发展——高素质人才队伍是新质生产力发展的基础，创新则是新质生产力发展的核心驱动力。

《修订版》提出的科普服务人才强国战略之重点体现在提高公民的科学素质。习近平总书记曾明确指出："……没有全民科学素质普遍提高，就难以建立起宏大的高素质创新大军，难以实现科技成果快速转化。"为此，《修订版》第十一条提出了"国家实施全民科学素质行动"，要引导公民培育科学和理性思维，树立科学的世界观和方法论，进而提高劳动与生产的技能，以及创新能力；同时，在第三十四条中明确鼓励在工人的职业培训、农民技能培训和干部教育培训中增加相应的科普内容，从而有利于高素质产业工人和农民的培育，并提高公职人员科学履职能力。

《修订版》在科普服务创新驱动发展战略方面也提出了新的功能。例如，《修订版》第三十一条提出新技术、新知识的推广与传播活动要与科普紧密结合，要通过科普引导社会正确认识和使用科技成果；而第三十二条则明确要求国家在部署实施新技术领域的重大科技任务时，可以组织开展相应的科普活动，从而增进公众的理解、认同和支持。

开展科普工作需要相应的专业知识和技能，传统的科技知识传播大多依靠科技人员或教师的"业余"奉献；但是，在实施"新质科普力"的过程中，不仅需要科技人员或教师更大程度地参与科普工作，而且需要一支专业化的科普队伍。为此，《修订版》在新增的"科普人员"一章中，对专业化科普人才队伍建设进行了多方面的部署，不仅明确提出要建立专业化科普工作人员队伍，而且要在高等学校和职业学校设置科普相关的学科和专业。更重要的是，国家将建立科普专业人员的评价机制，对专业科普人员给予相应的"科普职称"评定。

综上所述，《修订版》体现了国家在新时期对科普的新要求，科普被赋予了从未有过的重要性。《修订版》之核心就在于通过新增加的条文内容，阐释了"新质科普力"的基本内涵，为科普在支撑新质生产力发展中的作用和意义奠定了最重要的法律基础。

中国道路之科普力量[1]

◎ 郑　念[2]

《中共中央关于党的百年奋斗重大成就和历史经验的决议》向世界展示了中国成功的经验，其中之一是坚持中国道路，其内涵就是坚持中国共产党的坚强领导、人民至上的治理理念、求实创新的精神品格、与时俱进的理论指引、和谐共生的发展方针等。中国道路的背后充满着一些更深层次的鲜活中国故事，越来越多的学者在研究探求中国道路的成功密码、动力源泉和制度安排，展望中华文明将继续为人类发展进步作出怎样的贡献。对照一百年前近代中国的一些屈辱经历和一百年后当今中国的成就，我们发现，科普是中国道路中比较鲜明而又独特的基本元素，在中国人民进行革命、建设、改革、发展的各个不同历史时期，发挥了独特的基础性作用。

新时代，习近平总书记多次强调科学普及的重要性，并深刻指出："科技创新、科学普及是实现创新发展的两翼，要把科学普及放在与科技创新同等重要的位置。"科普作为创新发展的重要一翼，必将在新征程上发挥更大作用，成为实现高水平科技自立自强的重要支撑，成为促进共同富裕的重要手段，成为建设人类命运共同体的重要推手。

1　唤醒民众，凝聚中华民族伟大复兴的最大力量

人类社会发展的历史表明，科技兴则国兴，科技强则国强。科普是创新发展的重要一翼和基础性工作，具有唤醒意识、启迪思想，开启民智、培育

1　本文发表于《世界科学》杂志2024年第8期，有改动。
2　作者简介：郑念，中国科普研究所原副所长，研究员，人民智库特邀研究员，国家灾害防御协会专家，享受国务院政府特殊津贴；担任中国科普作家协会科普教育专业委员会副主任。编辑、出版论著（专、合）30余部，发表学术论文100余篇。主要研究领域为科技教育、科普评估理论、科学素养、反伪破迷等。

理念，提升素质、增进文明，春风化雨、润物无声的基本功能。

回想建党初期，中国共产党的先驱，陈独秀、李大钊、毛泽东等，在寻找救国道路中发现了马克思主义的真理，创建了中国共产党。回顾建党百年以来的科普历史，我们可以发现，在革命、建设、改革开放和创新发展的各个时期，党发挥科普的力量，凝聚党心民意，坚持把科学交给人民，体现了以人民为中心的治国理念和实现中华民族伟大复兴的初心使命。在土地革命斗争、民族解放斗争中，党积极开展科普工作，通过通俗易懂的方式讲道理摆事实，唤醒民众，提高素质，取得了新民主主义革命的伟大胜利；在社会主义建设时期，通过开展科普工作，大力推广先进的工农业科学技术，提升社会生产力，促进了社会主义建设的快速发展；在改革开放时期，展开真理认识大讨论，与迷信伪科学作斗争，克服了各种教条僵化思想的束缚；在创新发展的新时代，党中央把科普作为创新发展的一翼，把科普放在与科技创新同等重要的位置。所有这些做法在国际上是史无前例的，充分体现了科普的中国特色和道路特征。

2 普及科技知识，把科学交给人民

16世纪以来，欧洲文艺复兴促使理性回归和人文主义的兴起，这是近代科学产生的文化基础和启蒙开端。17至18世纪，近代科学开始传入中国上层，遭到鄙弃，被认为是奇技淫巧，而被当作宫中玩物，在中国一直没有被大力推广，更遑论普及。直至1840年后，西方用坚船利炮打开中国国门，导致国家蒙羞、人民蒙难、文明蒙尘。20世纪初，共产党人的先驱，高举民主、科学大旗，开启了时代启蒙，用马克思主义救中国。

中国共产党及其领导人一直非常重视科普，号召大家学习自然科学知识。在建党百年的科普实践历程中，我们可以清楚地看到：五四运动和马克思主义在中国传播，孕育了中国共产党，从此秉持"爱国、进步、民主、科学"的五四精神，领导中国人民走上了反帝反封建、推翻"三座大山"、实现中华民族伟大复兴的征程。百年来，留下了脍炙人口的"红井故事"，助力"革故鼎新、破旧除害"；坚持"防伪破迷、反对邪教"，唱响科学精神主旋律，担负价值引领新使命。百年来，中国共产党团结带领广大科技工作者，把科学交给人民，用科学技术力量造福人民，大量具体的故事映射出中国道路的人民情怀和科学精神的力量本质。

3 提升科学素质，推动全民实现共同富裕

改革开放以来，面对新形势新任务，党不断创新理论，以先进文化、科技武装民众，提升公民科学素质，实现物质和精神上的共同富裕。我国国内生产总值达到126万亿元（2023年），稳居世界第二；公民具备科学素质的比例达到14.14%（2023年）；大学入学率超过57.8%（2021年）；实现九年义务教育全面普及（2021年），文盲比例降低到2.67%（2020年）。我国已经实现全面脱贫，并致力于推动实现全民共同富裕，正朝着建设世界科技强国，实现高水平科技自立自强和中华民族伟大复兴的中国梦大步迈进。

一百年，在人类的历史长河中只是短暂一瞬，然而，中国共产党带领中国人民在这百年里却创造了世界文明史的奇迹——把一个一穷二白的国家建设成了世界第二大经济体。中国共产党有什么密钥呢？为什么"自从有了中国共产党，中国的面貌就焕然一新了"呢？中国共产党诞生于中国进入半殖民地半封建社会后，人民苦难深重、顽强反抗的历史条件之中。自此以后，犹如有一道曙光照亮了中国人民和中华民族前进的道路，从建立中华人民共和国到开启改革开放和社会主义现代化建设新时期，再到进入中国特色社会主义新时代，中华民族迎来了从站起来、富起来到强起来的伟大飞跃，迎来了实现中华民族伟大复兴的光明前景。贯穿每一个时期，共产党人通过科学技术普及造福人民的一个又一个鲜活故事背后所反映的人民情怀和科学精神可能就是答案，就是共产党人的神奇密码。

4 坚持科技向善，建设科技强国

科普作为社会教育的重要手段，不断提升公众的科技认知，推广使用先进科技工具，普及科技创新成果。《全民科学素质行动规划纲要（2021—2035年）》明确提出，到2025年我国公民具备科学素质的比例要超过15%，到2035年要达到25%。面对实现高水平科技自立自强，建设世界科技强国，发展新质生产力的时代需要，科普工作仍然任重道远。

这就要求我们认真贯彻落实习近平总书记关于"科技创新、科学普及是实现创新发展的两翼"的重要指示，真正把科学普及放在与科技创新同等重要的位置。要深刻领会"两翼理论"的宗旨目的和实施的关键举措，把理论转化为政策、转化为战略；要在关系国家长远发展的战略中，实施新型举国

体制，科技创新、科学普及两手抓，两手都要硬。

第一，切实把科学普及与科技创新放在同等重要的位置。从现实看，如果从投入产出的角度要求二者同等重要是做不到的，但至少在决策部署上，关注科技创新的同时，也要同样关注科普工作。这不仅是必要的，也是可能的。

第二，推动实施大科普战略。在实施科教兴国战略、人才强国战略和创新驱动发展战略的过程中，坚持发展观、科技观、历史观相统一。在科技与人、科技与社会、科技与自然等各方面，都充分体现出马克思主义科技观、发展观的战略高度和理论高度。

第三，坚持科技向善和科技以人为本。最近，科技发展呈加速态势，科技对人、社会和自然环境的影响与日俱增。为了地球和人类的可持续发展，我们应该发挥科普唤醒民众意识的重要价值，约束风险，确保科技伦理有效引导科技向善，推动开展负责任的研究和创新。

5 弘扬科学精神，建设人类命运共同体

中国道路是人类优秀文明成果的集成，体现出中华优秀传统文化的特质，也体现出近代西方科技文明的特征，是人类文明的新形态。这种形态具有海纳百川又不失个性的鲜明特质，是一种求同尊异、整体和谐的新文明体系。她能够吸收人类一切优秀的物质文明、制度文明和精神文明成果，必将推动世界文明的新进程，成为人类命运共同体建设的主力军和领头羊。

当今世界，百年变局加剧演进。我们应该大力开展科普工作，进一步发挥科普的价值引领作用，使其成为世界文明的建设因素，以发扬文明新形态的重要特质；我们应该大力弘扬科学精神，使之成为和平、发展、公平、正义、民主、自由的全人类共同价值的构建要素，共同为建设一个更加美好的世界提供正确理念指引；我们应该推动科普国际化，发挥科普的教育、宣传、传播、说服等作用，携手推动构建人类命运共同体，共同建设持久和平、普遍安全、共同繁荣、开放包容、清洁美丽的世界。

人工智能时代，发挥高等教育推动科普事业高质量发展的龙头作用[1]

◎ 李 晔[2]

习近平总书记开创性地提出："科技创新、科学普及是实现创新发展的两翼，要把科学普及放在与科技创新同等重要的位置。没有全民科学素质普遍提高，就难以建立起宏大的高素质创新大军，难以实现科技成果快速转化。""两翼理论"确定了科学普及在新时代创新体系中的地位，也对面向未来的科学普及工作提出了新的使命和要求。国务院印发的《全民科学素质行动规划纲要（2021—2035年）》指出：科学素质是国民素质的重要组成部分，是社会文明进步的基础。科普须在国家面向世界科技强国和社会主义现代化强国建设中担当更加重要的使命：彰显价值引领作用，提高公众终身学习能力，不断丰富人民精神家园，服务人的全面发展；为建设高素质创新大军发挥支撑作用；更好促进人的现代化，服务营造科学理性、文明和谐的社会氛围；更好发挥桥梁和纽带作用，深化科技人文交流，增进文明互鉴，服务构建人类命运共同体。

在百年未有之大变局中，全球范围内的科普正在经历人工智能时代的范式变革。梳理国际科技传播学会（PCST）自1989年成立以来各届会议的主题，不难发现这一趋势。2020年突如其来的新冠疫情，更让大家认识到，科普除了面临时空与技术变革外，还要回答"在面对人类危机的极大不确定性中，科学家的角色与影响是什么"。即将召开的2025年PCST大会主题围绕这个进行探讨：在后疫情时代、全球气候变化、地缘战争等背景下，直面转型的不确定性、传统的惯性以及争论与共识的张力等挑战，探讨科学、科普、科学家如何为人类创造更加美好的未来贡献积极力量。因此，当今的科普，无论是目标、环境还是手段，都处于未来范式的重塑期。在推动中国特

---

[1] 本文发表于《世界科学》杂志2024年第6期，有改动。
[2] 作者简介：李晔，上海师范大学副校长，教授，长期担任教育部本科教学审核评估专家，中国工程教育专业认证专家。

色科普事业范式重塑的关键时期应充分发挥高等教育的龙头作用。

中国特色科普事业的高质量发展为建设科技强国厚植沃土。未来的科普发展方向应为涵盖科学技术知识、弘扬科学精神、传播科学思想、倡导科学方法的大科普，应将科技教育、科技传播、科学普及、科学实践融入全民终身学习，提升公民科学素质，服务人的全面发展。实现这一目标需要政府、社会、市场等不同主体协同推进，其中高校作为高等教育、人才培养、科学研究、科技创新的主要阵地，应当成为主力军。

高校在科普工作中具有很大的资源优势。普通高等学校本科专业目录涵盖了哲学、经济学、法学、教育学、文学、历史学、理学、工学、农学、医学、管理学、艺术学等，现有的教学资源经过加工，可以满足大众对各类知识的需求。同时，高校是科学研究的主阵地，拥有丰富的科技资源，包括科技人才、科研实践、科研设备等。依托这些资源开发的科普内容可以更加贴近科技前沿，有助于挖掘背后的科学原理和技术创新，展现攀登科技高峰的曲折过程。

高校教师更懂得贴近公众。一方面，高校教师通常具有较高的专业水平和系统的学科知识积累，对专业问题较为敏感，能从生活现象中归纳和挖掘科学问题，并使用科学的方法分析和解决问题。更可贵之处在于，他们还能使用准确的语言向公众传达科学信息。另一方面，他们经过系统的教学培训，熟练掌握各种教学方法和技巧，活用多种教学手段，使科学知识更加生动、易懂，更能激发听众的兴趣和好奇心。此外，高校教师在长期的教学实践中积累了丰富的教学经验，能根据受众的不同特点和需求，灵活调整教学内容和方式，提高科普内容的针对性。

高校能有效助力产业界传播成果。产业界直接面向市场，注重科学技术的实践和应用，能够将科学知识与实际生活紧密结合，使科普内容更加贴近实际需求和生活场景。而且，产业界处于一线生产环境中，通常拥有雄厚的资金、多样的设施等，可以开展规模较大、影响力较强的科普活动，有助于吸引更大规模人群关注。但是产业界人士通常没有教学方面的培训，在授课上往往存在经验和方法不足的问题。在实际操作中听者可能无法理解讲述者想表达的意思，或者讲述者对概念的介绍不够准确等，这时，高校参与其中，可发挥重要作用。一方面，高校可以帮助业界人士系统梳理资料，制定科普主题和方案，并审查其科学性。另一方面，高校教师可以在参与科普的过程中，助力搭建起产业界人士与听众沟通的桥梁，促进业界资源有效传达给听众。

高校是培养高质量科普人才的重要基地。社会要强化科普供给，就需要一支专业的科普队伍，持之以恒地开展科普基础理论研究和范式实践。"十四五"时期，国家大力推动设立科普专业，推动高等师范院校和综合性大学开设科学教育本科专业，扩大招生规模。科学教育专业是培养科普人才的良好载体。

对于这类人才的培养，高校应注重其整合技术的学科教学知识（TPACK）的建构，即学科知识、教学法知识、技术知识及其相互融合。学科知识是科普的躯体，培养人才时应注重学科知识的系统性、准确性，加强科技知识积累的同时注重科学精神、科学家精神培养。教学法知识是科普的灵魂，培养人才过程中不仅要注重教学法理论的传授，更要构建真实情境、创造实践机会，通过科普讲座、科技展览、科普演讲比赛、科普志愿活动等方式为学生提供实践平台。技术知识是科普的服装，培养人才过程中要紧跟时代步伐，将新型科普媒介和科普形式的实现手段作为教学内容，并培养学生终身学习的能力，为科普的高质量呈现打好基础。同时，面向未来重点关注的科技发展议题，高校在科普人才培养中还要突出强调科普的价值引领，强调科普创作的标准化、规范化，加强科普的智慧化传播，即以数字化、网络化、智能化驱动科普创新发展，提升基层科普服务能力，拓展城乡社区综合服务设施、社区大学等平台的科普功能，增强科普国际交流合作等。

面向时代发展需要，高校理应在人工智能（AI）、生成式人工智能（AIGC）推动个性化、高质量科普中发挥核心引擎作用。AI促使个性化科普时代的到来，而AIGC则跨越式地迈向大交叉科普时代。AI对海量数据的处理能力使其在时间维度和空间维度均具有极为卓越的分析和预测能力，依据受众对象（个人或特定群体）的工作、学历、生活、文化等各种背景数据，AI能够快速分析出受众对象的个性化特征和需求，从而为其量身定制科普所需要的数字媒介、知识内容、讲授方式以及场所地点，甚至依据对象的习惯偏好规避其不善于接受的讲授方式、内容状态等。AIGC以其卓越的大规模知识压缩、内容生成、用户交互、检索增强等特征，快速推动跨学科交叉的科技知识大连接。大规模知识压缩能力使得任何科普受众将不再局限于某一个特定科技领域，极大程度促使跨学科、跨领域、多主题的科普成为可能。内容生成能力将传统科普工作者从海量优质内容的制作工作中解放出来，实现知识内容的有效供给。用户交互能力让科普不再局限于单一的教学形式，许多用户已经将AIGC作为强大的问答系统使用，使得科普灵活多样、有趣活泼。检索增强能力有助于解决传统科普难以准确回答的复杂非确定性问题，AIGC通过计算挖掘出新问题的答案，完成从旧知识挖掘到新知识涌现的科普新模态。这些新技术的迭代发展离不开高校长期的科研与实践，高校更有先机结合技术去开发科普资源，为未来输送科普教育人才。

服务国家发展大局是高等教育高质量发展的重大课题。高校在科技人文交流、科普人才培养方面有着不可替代的优势。未来社会越来越注重高素质创新人才的规模，国民素质全面提升已经成为经济社会发展的先决条件。结合时代需要，把握技术发展态势，进一步提升高等教育对科普与创新工作的贡献度，能为全民科学素质培养、终身学习模式提供有效支撑。

科学传播的新时代挑战：交叉学科[1]

◎ 朱　晶　姜雪峰[2]

全球范围内面临的科学传播难题之一，是如何通过传播来应对与科技有关的社会争议。

为了应对这类难题，科学传播研究者提出了诸多策略。例如，传播科学研究中的不确定性，传播科学家对技术风险与伦理问题的考虑，通过开放科学运动来让科学研究的过程对公众更加开放和透明，等等。尽管如此，科学传播领域特别容易被忽略的挑战，是这些社会争议背后涉及的交叉科学的复杂性。与历史上其他时期不同，当下科技发展呈现高度交叉融合、科学与技术双向驱动的新形势。交叉科学所具有的天然复杂性和动态性，给科学传播带来新的难题。

当下全球面临的社会争议，除少数与纯科学理论直接相关，如演化论、宇宙大爆炸理论，大部分争议均涉及基于科学交叉、技术融汇的应用场景。人类活动是否引起气候变化问题，就是典型的交叉领域。人类活动是否引起气候变化这一科学问题，涉及地球科学、大气化学、地质学、物理学等多个学科。在预测全球变暖问题上，还涉及经济学、社会学等领域，出现了自然科学与社会科学等多学科的大尺度交叉。除了广受关注的合成生物学的风险与伦理问题，公众密切关注的健康与医疗，多涉及医学或生命科学之外的学科领域。单单是用于医疗检测的生物医学材料，就是由工程、应用数学、物理学、分子生物学和生物化学等领域的科研人员共同研制而得。当下新能源和新材料领域的技术进展和应用，看起来是技术革新与迭代，实则是科学研究、新兴产业和未来产业等密切交织发展的结果。例如，锂离子电池和钠离子电池的发展历程，背后是电化学、材料科学、合金学、物理学等多个领域

1　本文发表于《世界科学》杂志2024年第5期，有改动。
2　作者简介：朱晶，华东师范大学海南研究院暨哲学系教授；姜雪峰，华东师范大学海南研究院暨化学与分子工程学院教授。

共同推动而带来的技术进展。作为科学研究第四种模式的人工智能驱动的科学发现，更是技术反向驱动科学发现的典型。这意味着，我们传统上对科学本质、科学思维、科学方法、科学推理等的传播，并不能充分揭示当下科学研究与技术进展的本质。在解决现实问题而不仅仅是纯追求科学真理时，在科学研究与技术革新相互驱动时，在科学研究的结果转化为政策时，均需要不同学科的交叉。这些不同类型的交叉，必然增加科学研究和技术革新过程中的复杂性和不确定性；反过来，公众要理解与日常生活有关的新技术和新发现，他们的认知负担亦被加重。

科学传播领域已有一些经验研究，讨论了传播不确定性、提供证据、信任科学权威与公众作出个人决策之间的关系。有经验研究揭示，在疾病和引发疾病的原因之间的研究证据更替时，公众能够根据证据来推理和评价科学发现的可靠性、建立对专家的认知信任；传播科学研究中的不确定性似乎并不会损害公众对科学的信任；越是认为自己对科学的认知有不足的公众，越是能够批判性地识别认知权威。不过，这些经验研究所设计的问题情境，多是单一的，如某一疾病和某一种原因之间的单一关系，或者将真实信息简化，或者是虚构出复杂信息。与此同时，一类专门针对公众对复杂科学信息作出反应的研究表明，当提供给公众的科学信息越接近真实科学研究、越体现科学研究或科学争论的复杂性时，公众反而会表现出焦虑、降低参与意愿。由此带来的张力是，诸如能源转型、生物医疗等和公众生活密切相关的领域，均蕴含着学科交叉带来的复杂性，以及复杂性带来的不确定性和动态迁移性。而这些领域，往往又需要被广泛传播。

为此，公众如何理解不同程度、不同类型的不确定性，会对交叉科学的复杂性所带来的不确定性作出哪些相关反应，交叉科学的推进会带来哪些社会争议等问题，都是新时代科学传播将要面对的新挑战。令人欣喜的是，新近的科学传播经验研究发现，和公众讨论复杂性，反而会增加公众在认知上的谦逊，提升对认知权威的信任。这也启发我们，未来的科学传播研究，可以更加关注如何有效传播交叉科学的复杂性。

加强理论研究，筑牢科普实践根基[1]

◎ 王大鹏[2]

科普是实现创新发展的重要基础性工作。习近平总书记强调，"科技创新、科学普及是实现创新发展的两翼，要把科学普及放在与科技创新同等重要的位置"。这一重要指示精神是新发展阶段科普发展的根本遵循。

科普的内容源于科学实践，这意味着它离不开包括科研人员在内的科普工作者的深度参与，而它所发挥的作用最终也应落在营造良好的科技创新环境，培养高素质的科技创新大军等方面。

当前，我国科普工作取得了明显的成效，面向公众的科普活动形式多样、内容丰富，公民科学素质显著提升。科普的确以"实践性"为显著特征，但随着我国科普事业发展到新阶段，科普发展的理论指导需求迫切起来——没有理论指导的科普实践是盲目的，不与科普实践相结合的理论也可能是空洞的。

随着公民科学素质的快速提升以及科普实践的日益丰富，我们越来越倡导科普要从"知识补课"转向"价值引领"，这就更加需要我们关注科普的基础理论研究，通过理论指导传播并普及科学，而做到基于科学证据的科普才能更好实现科普效能。

2022年9月，中共中央办公厅、国务院办公厅印发的《关于新时代进一步加强科学技术普及工作的意见》就提到要"开展科普理论和实践研究"。同样，同年8月份发布的《"十四五"国家科学技术普及发展规划》也在"加强国家科普能力建设"部分指出，"强化科普理论研究。构建新时代科普理论体系"。

然而，与我国科普实践蓬勃发展相比，科普理论研究还落后于实践，同

---

1 本文发表于《世界科学》杂志2024年第3期，有改动。
2 作者简介：王大鹏，中国科普研究所副研究员，中国科普作家协会理事，长期从事科学传播理论、国外科学传播研究、新媒体科学传播研究等研究。

时也存在着一些亟待解决的问题。

例如，从理论研究本身来说，我们需要更加关注"科普"这个术语的相关问题。对于什么是科普，虽然人们都有自己的理解，比如用通俗的语言将科学内容传递给公众，但似乎又缺失了一些不可言传的因素，因而不同的从业者可能会给出不一样的界定。虽然学术界在这个问题上也开展了不少的研究，但是至少在一定程度上来说，目前对于科普本身还没有一个广为接受的周延的概念。此外，中国的科普实践与其他国家也存在一些差异。我们中国特色的新时代科普的内涵和外延分别是什么？这更需要本土化的学者和实践人员共同去探讨。与此同时，当前用于指代科学大众化这个过程的系列术语或者称谓之间又有何异同？科普与"科学传播、科技传播、公众理解科学、公民科学、公众参与科学和技术、科学与社会"等概念到底存在着什么样的交集和差异？这些都应该是科普基础理论研究至少应该回答的问题。

再如，要关注媒介在科普中的作用机制。传统上，科学家—媒体—公众是一个铁三角，因而很多学者把目光聚焦于科学的内容经由媒体（机构和人员）传递到公众手中这个过程，以及这个过程之中所存在的各种张力，特别关注科学与公众这两极，而忽视了媒介平台的"介导"。但是在社交媒体蓬勃发展的当下，媒体平台化与平台媒体化这一趋势越来越明显，传播的内容往往会受到平台型媒体所设置的"框架"或者说"引流"的影响，在智能算法的加持下，媒介平台成为左右传播内容的"催化剂"，甚至在一定程度上助长了"信息失序"的状态，给非科学和伪科学的传播提供了相应的"生态位"。同时从另外一个角度来说，媒介平台上的内容是否存在用对科学产品和成果的强调来取代相关科学的普及这一现象，我们又该如何去扭转，或者说保持某种必要的动态平衡，让媒介平台真正发挥其应有的作用。

又如，需要深入探查科研人员参与科普的内在机制。不论是科普理论还是科普实践，实际上都离不开科研人员。从历史发展的视角来看，在科研人员或者说科学建制化以及科学家职业化之前，很多热衷于向公众开展科普的"自然哲学家"都以某种方式参与过科普工作，并且公开发表过一些观点和看法，而随着科学体系本身的成熟，不论是从事科普的人，还是科普的内容，又或者是科普的途径与方式等开始发生了转向。如今我们呼吁，或者说要求，科研人员承担起向公众传播科学的责任与义务，但是这背后的内在机制到底是什么？科研人员参与科普的自我效能如何？在推动科研与科普相结合以及科研成果转化的过程中，科研人员应该发挥什么样的作用以及应该发挥到什么程度？我们又需要什么样的保障措施来确保他们能够乐意参与其中？这些也是当前需要研究和解决的问题。

2023年4月,科技部关于公开征求《中华人民共和国科学技术普及法(修改草案)》意见的公告显示,《中华人民共和国科学技术普及法(修改草案)》的第四十条规定,"国家鼓励设立科学传播与科学教育等科普相关学科和专业,支持有条件的高等学校和职业学校建立和完善科普相关学科和专业,培养科普专业人才"。从学科建设的角度来说,我们就需要有一定规模的研究队伍,有一定规模的知识生产系统,有一定规模的研究生教育,有一定的学术研究成果,以及有稳定且不断演进的理论体系。因而加强科普基础理论研究,也是助力相应学科建设的重要举措。

当然,加强科普相关的基础理论研究显然不能局限于前面提到的几个方面,科普本身也是一个涉及众多学科的交叉领域,我们也需要从更高的维度来看待科普与其他学科领域的关系,也期待能涌现出更多关注科普的学术成果和思想理论,在科普实践筑牢理论根基的同时,为推动我国科普事业的不断发展提供强大支撑。

打通科普与科技创新协同发展的堵点[1]

◎ 谢小军　齐培潇[2]

科技是国家强盛之基，创新是民族进步之魂。当今时代，科普与科技创新前所未有地紧密结合，习近平总书记关于"科技创新、科学普及是实现创新发展的两翼，要把科学普及放在与科技创新同等重要的位置""科学普及是实现创新发展的重要基础性工作"等重要论断充分阐明了科普之于创新的重要战略地位，开创性地提出科技创新、科学普及同为我国创新体系的重要组成部分。

科学普及和科技创新应该是相互依存、相互促进、紧密联系且同等重要的，科普加速科技创新知识成果的扩散并促进其转化为生产力，推动科技与经济、社会的融合，更为科技创新提供了广阔的社会基础和人才储备，而科技创新则不断为科普提供新的内容、思路和话题，但在某些现实情境下，科普与科技创新却存在"割裂"现象，"两翼"发展明显失衡。

这种"割裂"首先表现在一些人的认识上。科普在创新发展中的重要作用尚未被广泛认可，一些部门、地方未能形成科学普及与科技创新"同等重要"的战略共识，重科技创新、轻科学普及的思想依然较为严重，部分科普主体责任感和使命感尚未被完全激发出来，社会化科普工作格局尚未稳固，致使科普赋能创新的时代功能未得到充分体现。

其次，这种"割裂"也表现在科研人员做科普的"四不"窘境上。科研人员是科学知识、科学方法、科学思想和科学精神的发现者、生产者、创建者，在促进科学大众化、传播科学文化的过程中扮演着不可或缺的角色。尽管非常多的科研人员认为科普非常重要，但公众认可与单位（同行）不认可的矛盾，依然是导致科研人员参与科普陷入"不屑""不敢""不会""不愿"

1　本文发表于《世界科学》杂志2024年第9期，有改动。
2　作者简介：谢小军，中国科普研究所科普理论与政策研究室主任；齐培潇，中国科普研究所科普理论与政策研究室副研究员。

现实困境的主要原因。

再次,这种"割裂"还表现在教育和社会环境中。在现行教育体系中,我国的科学教育往往更偏重于知识的传授,忽视对科学思维、创新思维、批判思维、颠覆思维以及逻辑思维的培养;在社会中,科技创新成果,特别是高端的、前瞻性的成果往往难以有效转化为"科普资源",使得公众对新科技、新成果的理解存在认知偏差。

忽视科普的发展将阻碍科技创新的进程,因此,在新时代,科学普及这一创新发展的一"翼"必须做强做大,要打破传统观念和模式,加快建立相应制度体系,让科学普及同科技创新一样以更大规模、更广领域、更深层次、更厚底蕴融入社会发展的各个方面。

要进一步围绕大科普这一"牛鼻子"作政策文章,从顶层设计上完善科普与科技创新融合互促的机制,增加科普政策的刚性约束力,促进"两翼同等重要"的理念落地。作为衔接科技创新和科学普及工作的桥梁,大科普是保障"两翼同等重要"理念落地的重要顶层设计,它把科学普及贯穿科技创新、经济社会发展的全过程及各环节,强化党委和政府、学校、企业、科研机构、媒体等各主体的科普责任,对于深入构建政府、社会、市场等协同推进的社会化科普发展格局,推进科普工作向纵深发展,完善科技创新与科学普及协同发展的现代化创新治理体系具有重要推动作用。

这个过程要注重在关键点上发力,弥补在实操层面的政策留白,例如优化考核指挥棒,鼓励科研工作者投身科普,在绩效评价、职称评审、荣誉奖励等方面给予倾斜,为他们做好"元科普"提供"一站式"服务,发挥好他们科普"发球手"的作用,彻底改变科研人员"四不"窘态。强化科普奖励在国家创新体系中的地位,加强国家在科普相关领域的奖励力度。同时,鼓励学会等社会力量设奖,明确其设立科普奖项的政策机制。强化前沿科技领域科普力度,促进"政产学研用金"跨界跨领域交流,助力创新体系一体化,进一步推进高水平科技自立自强。强化科普在终身学习体系中的作用,强化科普的价值引领,助力教育、科技、人才一体化发展。

科普要有"谱"[1]

◎ 季良纲[2]

科技的不断发展和国家政策的引导促使人们的科学热情不断高涨,同时基于人们对科技传播作用的认识和自我学习的需求,科学普及正日益受到关注。譬如,马斯克及其团队不断推出人工智能概念及产品,从ChatGPT 2.0到4.0,到近期推出的无人驾驶概念车,都快速闯入了大众视野,国内也有武汉萝卜快车、泰山机器狗背垃圾等热播视频,表明人工智能技术不断升级,成为科学传播、科学普及的热点。除专业人士的解读之外,还有各类媒介、网红人物等纷纷加入,在公众号、视频号、微博等平台广泛传播。另外,科普之热还表现在节假日孩子们奔向科技馆、博物馆排队"打卡"的场景;诸多教育、文化、科技、旅游等机构、组织、企业也纷纷推出各式各样的科普活动……科普呈现出前所未有的新气象。

众人拾柴火焰高。科普领域出现这样的局面令人十分欣喜。我们正处于新一轮科技革命到来的前夜,公众参与科普的热情和主动性、积极性不断增强,科普社会化程度不断提高,呈现着良好的发展态势。面对纷繁又热闹的场面,人们也有一些疑惑:科普的热潮真的到来了?做科普到底需要具备怎样的基本素质?新时代科普生态应该如何形成?这些问题仍有待解答。

我国历来高度重视科普工作,不仅将其写入国家根本大法《中华人民共和国宪法》之中,拥有《中华人民共和国科学技术普及法》及相配套的一系列科普法律政策,还有诸如各级科协等专门从事科普工作的组织机构,科普的重要性、必要性和受重视程度不言而喻。然而,实际工作中科普却面临着尴尬境地:基层科普能力不强,组织不够健全,科普人才严重不足,科学普及与科技创新同等重要的"机制尚不健全"……当然,科普热闹的表面下也

---

[1] 本文发表于《世界科学》杂志2024年第11期,有改动。
[2] 作者简介:季良纲,浙江省科学传播中心副研究员。

有一些不和谐现象：有些人打着科普的旗号，在中小学推销各类比赛、研学活动，俨然成了打通科学教育与创新发明的"神人"；也有人借助网络媒体发假科普、伪科学的视频和文章；还有人借科普的名义，发布不当言论以获取流量；等等。

网络为科普提供了便利、有助于提升传播效果，却也成了"假科普"的重灾区，严重混淆了视听，损害了科普的社会形象。

中央办公厅、国务院办公厅印发的《关于新时代进一步加强科学技术普及工作的意见》明确提出要"突出科普工作政治属性，强化价值引领""构建社会化协同、数字化传播、规范化建设、国际化合作的新时代科普生态"。科普必须有"谱"，也要严格守"谱"，坚守科学传播的底线，依法依规科普，需在科普内容规范、科普人员素质、科普作品审核、科普服务质量等方面明确标准和要求。

科普要有"谱"并守"谱"，必须进一步明确科学传播、科技传播、科学普及的范畴和内涵，明确科普活动、科普展览、科普读物、科普期刊的要求，确保科学性、真实性、准确性，杜绝将一切公众的宣传或传播活动"泛化"为科普，以确保科普活动的显著特性。要加强对科普服务和产品相关标准、规范的研究与制定，确立科普活动（如展览展示、科普出版等）的行业标准或团体标准，提高科普服务和产品的质量与水平。要加强对科普人才标准的研究，提升其专业化、职业化水平，扩大科普职称评定范围，采取评定与聘任分离、允许具备多个职称等方式，解决专业科研机构、高校在科普职称与待遇方面的问题，鼓励更多科研人员、高校教育工作者参与科普，允许社会组织和机构人员获得科普职称，扩大科普人才队伍，提升科普专业水平。要加强对科普视频、科普文章的监管力度，规范内容与发布制度，严厉查处哗众取宠、弄虚作假的科普，或以流量、吸粉为目的的"网红科普"。要严格遵照相关规定，打击伪科学、伪科普等不法行为。

当今时代，科技迅猛发展，科普方式日益丰富，科普专业化、标准化、规范化要求不断提高，迫切需要增强国家科普能力，以提供优质科普服务和产品。高质量地发展科普事业，更好地实现科普价值引领的目标，需要优秀科普工作者的参与。优秀的科普工作者不仅要有服务社会的满腔热忱和扎实的科学技术知识，还要不断学习，与时俱进，及时总结提升，善于将深奥专业的科技新知转化为易于公众理解、接受、掌握的科普内容。只有这样，科普才能成为受公众欢迎的社会教育活动，科普工作者才能成为受公众喜欢的行家里手。

多措并举，助力科学家做好科普工作[1]

◎ 王大鹏[2]

科学家有责任做好科普工作逐渐成为一种共识，而且科学家做好科普工作有着独特的价值和意义，这既是科学家落实"把科学普及放在与科技创新同等重要的位置""承担责任感与使命感"的体现，也是"发挥示范引领价值和'活化'科学精神与科学家精神"的体现，还是进一步推动科技资源科普化以及扭转"萨根效应"的体现。

科学家是科普工作的"第一发球员"，他们作为科学知识、科学方法、科学思想和科学精神的发现者、生产者、实践者和传承者，通过支持和参与科普工作，可以最大程度保证科普内容的科学性和准确性，推进科普工作的高质量发展，否则科普工作就会成为"无源之水"和"无本之木"。

为推动科学家乐于投身科普，助力他们做好科普工作，建议多措并举。

1 推动政策措施落地实施，为科学家做科普营造政策环境

党和国家历来高度重视科普工作，特别是党的十八大以来，习近平总书记多次对科普工作作出重要指示批示，提出一系列新思想、新论断。"科技创新、科学普及是实现创新发展的两翼，要把科学普及放在与科技创新同等重要的位置。没有全民科学素质普遍提高，就难以建立起宏大的高素质创新大军，难以实现科技成果快速转化。"这一重要指示精神是新发展阶段科普和科学素质建设高质量发展的根本遵循。

但是，现实情况下，对科普工作重要性的认识还不到位，落实"科学普及与科技创新同等重要"的制度安排尚未形成，重科技创新、轻科学普及的

---

1 本文发表于《世界科学》杂志2024年第7期，有改动。
2 作者简介：王大鹏，中国科普研究所副研究员，中国科普作家协会理事，长期从事科学传播理论、国外科学传播研究、新媒体科学传播研究等研究。

局面有待进一步改善。因而需要从科学普及是实现我国创新发展的重要基础性工作这一战略高度来看待科普工作，推动科普相关政策的落地实施，树立"抓科普就是抓创新，抓创新必须抓科普"的理念，做到科技创新与科学普及同步推进。

随着一系列科普相关政策措施的贯彻实施，科普政策法规体系和科普工作组织体系将更加完善，科学家参与科普将更加有保障、有底气、有依据。《中华人民共和国科学技术普及法》的修订将进一步完善包括科学家在内的科普从业者开展科普的法律依据；《关于新时代进一步加强科学技术普及工作的意见》和《全民科学素质行动规划纲要（2021—2035年）》对新时代科学素质工作以及科普工作作出了部署和安排；面向中央在京单位开展的科普专业职称评审试点工作以及全国部分省市开展的科普职称评审也为科普从业者"正名"，让参与科普工作的科学家有了另一条职业发展通道。

2 提升科学家科普能力，壮大高质量科普人才队伍

党的二十大报告强调，要加强国家科普能力建设，深化全民阅读活动。科普能力表现为一个国家向公众提供科普产品和服务的综合实力，主要包括科普创作、科技传播渠道、科学教育体系、科普工作社会组织网络、科普人才队伍以及政府科普工作宏观管理等方面。科学家也需要提升自己的科普能力。科学研究与科学普及虽然都关乎科学本身，并且科技创新对科普工作具有引领作用，科普对科技成果转化具有促进作用，但是二者存在着很大的差别。将科技创新成果转化为科普内容不仅需要科学家有扎实的科学储备，更需要科学家掌握必要的转化技能和传播技巧，科研做得好未必就直接等于科普做得好。同时从科学家的培养过程来看，他们接受的是如何做好科学研究的培训，而非如何做好科普的培训，因而科学家需要学习科普这项新的技能，以提升自身的科普能力。

钱学森曾经指出，"做好科普工作并不那么简单，科技人员要把一个专业化的问题向外行人讲清楚并不容易"。这句话看似简单，但是践行起来确实存在着难度，因为科普需要在内行认为的简单与外行认为的晦涩之间找到微妙的平衡点，滑向任何一个极端都会让科普的效果大打折扣。做好科普工作不仅需要将严谨的科学内容转化为公众能够理解的语言，在保障科学性的同时做到兼具趣味性和通俗性，还需要了解目标受众的知识层次，更好地有的放矢，从而激发受众的兴趣和好奇心，以情绪价值为线索导入到理性的科

学内容，做到深内容的浅表达，硬内容的软表达。做好科普需要讲好科学的故事，用科学的方法讲故事，其中也有不少技巧和门道，科普的最终效果是否达成取决于受众，也取决于参与科普的科学家，有必要推出一批在科普领域卓有成效的科学家典型，总结提炼他们的科普方式和方法，为其他科学家提供参考和借鉴，同时也在适当的条件下为参与科普的科学家提供一定的技能培训和支撑。

3 升级科普理念与模式，推动大科普格局的形成

随着我国经济社会发展和科学技术的进步，科普的内涵、理念、手段和机制已经发生了深刻变化。科普不能简单地停留在只传播科学知识的层面，更应该向价值引领转变，在强调科普有效的同时，更应该注重负责任的科普。

社交媒体的蓬勃发展为科学家做科普提供了一定的机遇，同时也让科普面临着一系列挑战。在流量和算法的加持下，某些"假科普"往往比真科普更容易获得关注，这既打击了科学家参与科普的积极性，也让广大公众感到困惑，因而相关的平台应该积极承担社会责任，加强审核把关机制，同时要让科学的声音被感知、被听见、被看见、被传播，让科学家成为被追捧的主角。

科学不是孤立于社会而存在的，科普也是一样，需要打破科普的"同温层"，推动科普全面融入经济、政治、文化、社会、生态文明建设，构建大科普格局。提高科普的议题设置和引领能力，正所谓"没有科学加持的文化失于虚空，没有文化加持的科学难以圆融"，要推动科学内容内化于大众的日常生活中，构建场景化的科普模式，助力科学文化的形成，进而传播科学方法，弘扬科学精神，助力全民科学素质的普遍提升。

关注"三个转变",做好新科普[1]

◎ 王大鹏[2]

科普要以提高公众的科学素质为目标,那么什么样的公众才是具备科学素质的?2021年国务院颁布的《全民科学素质行动规划纲要(2021—2035年)》指出,公民具备科学素质是指崇尚科学精神,树立科学思想,掌握基本科学方法,了解必要科技知识,并具有应用其分析判断事物和解决实际问题的能力。在"公民具备科学素质"的相关表述上,该文件与2006年颁布的《全民科学素质行动计划纲要(2006—2010—2020年)》相比有一定的调整,2006年文件的表述为"公民具备基本科学素质一般指了解必要的科学技术知识,掌握基本的科学方法,树立科学思想,崇尚科学精神,并具有一定的应用它们处理实际问题、参与公共事务的能力"。

这表明,新时代的科普工作不能仅仅传播和"搬运"科学知识,而要从单纯地传播科学知识跃升到传播科学方法、科学态度、科学精神和科学理性的层面上。因而我们需要关注"三个转变"——从知识补课到价值引领,从科学是什么到科学为什么,从科普的有效性到科普的负责任——推动新科普的高质量发展。

人工智能大模型的出现,在一定程度上颠覆了传统的科普模式,同时科普目标受众的需求也日益多元化,如果科普还单纯地停留在传播科学知识的层面,那么既不能应对人工智能大模型所带来的挑战,也无法满足公众的需求,因而需要从受众多元化需求的满足程度、科学内容涵盖的丰富程度以及科技手段利用的灵活程度等方面做好新时代的大科普。

在社交媒体时代,公众往往更容易受到情绪而非事实的影响,正如马可·奥勒留(Marcus Aurelius)所说的那样,"我们所听到的一切都是一个

---

[1] 本文发表于《世界科学》杂志2024年第10期,有改动。
[2] 作者简介:王大鹏,中国科普研究所副研究员,中国科普作家协会理事,长期从事科学传播理论、国外科学传播研究、新媒体科学传播研究等研究。

观点，不是事实"。尤其是在以"成见在前事实在后、情绪在前客观在后、话语在前真相在后、态度在前认知在后"为特征的"后真相"背景下，我们更需要传达科学精神，培养科学理性，因为"真正的科学素养不仅关乎知识，更关乎你提出问题的思考方式"。与告诉公众一些科学知识同样重要的是，要教给他们一些科学方法，让他们知道在需要某些信息和知识的时候应该到哪里去寻找。同时，因为知识是"固化"的，我们需要通过科普让知识"活化"起来，这也是所谓的"授人以渔"，毕竟"人生中所有关键时刻，你的思考方式比知识更重要"。

"知识补课""科学是什么""科普的有效性"仍然停留在让人们"知其然"而非"知其所以然"的阶段，同时也建立在"缺失模型"所隐含的假设之上，也就是说，公众是一个等待用科学知识去填补的"空瓶子"，他们掌握的科学知识越多，对科学的态度就越积极，因而也就越有可能作出理性而明智的决策。但是后续开展的相应研究却发现，二者之间的线性关系实际上非常微弱。

而"价值引领""科学为什么""科普的负责任"就不仅仅是单纯地传播科学知识，而是基于科学知识进行了"升维"拓展，以科学知识为起点和牵引，进而把着力点放在科学方法、科学思想和科学精神等方面，同时通过硬内容的软表达和深内容的浅表达提升科普效果，避免陷入"吾生也有涯，而知也无涯。以有涯随无涯，殆已"的状况。正如爱因斯坦所言，"你能不能观察到眼前的现象，不仅仅取决于你的肉眼，还要取决于你用什么样的思维，思维决定你到底能观察到什么"。

吴以义教授在《什么是科学史》中这样写道："作为一种思维方式，科学精神并不能通过教科书简单地定义或传授。最能表现这种思维方式的，并不在科学已经完成的物化的甚至是固化的科学成果，而在于求得这些成果的过程。"从弘扬科学精神的角度来说，科普也需要从知识补课转向价值引领，从科学是什么转向科学为什么，从科普的有效性转向科普的负责任，进而"活化"科学精神，提升认同感，实现认的知晓、同的能量和感的行为，推动新时代科普的高质量发展。

解构科普与科技成果转化关系，树立大科普发展理念

◎ 吴寿仁[1]

科普和科技成果转化是目前社会热议的两个词。《中华人民共和国科学技术普及法》于 2002 年 6 月 29 日第九届全国人民代表大会常务委员会第二十八次会议通过后，又于 2024 年 12 月 25 日十四届全国人民代表大会常务委员会第十三次会议修订。修订后的《中华人民共和国科学技术普及法》第四条规定："科普是国家创新体系的重要组成部分，是实现创新发展的基础性工作。国家把科普放在与科技创新同等重要的位置，加强科普工作总体布局、统筹部署，推动科普与科技创新紧密协同，充分发挥科普在一体推进教育科技人才事业发展中的作用。"该规定确定了科普的法律地位和作用，明确了科普与科技创新的关系。科普又进入了高光时刻。

自 2015 年《中华人民共和国促进科技成果转化法》修订以来，科技成果转化作为创新驱动发展战略的重要任务、科技与经济结合的重要环节、科技创新与产业创新融合的途径，一直受到高度重视和广泛关注。党的二十届三中全会作出的《中共中央关于进一步全面深化改革、推进中国式现代化的决定》有较大的篇幅用于对科技成果转化的体制机制改革进行系统部署。

不难看出，科普和科技成果转化都在国家创新体系中扮演重要角色、发挥重要作用，那么，二者之间又有什么关系？笔者认为，二者关系极为密切，且有较强的互动关系，可相互促进。

1 二者可以互为目的和手段

一方面，科普，顾名思义，是科学技术普及的简称，包括"普及科学技

---

[1] 作者简介：吴寿仁，上海市科学学研究所学术委员会主任，教授级高工，曾任上海市科学技术委员会原体制改革与法规处处长，上海市科学学研究所副所长。

术知识、倡导科学方法、传播科学思想、弘扬科学精神的活动",旨在提高公众的科学素养。公众科学素养越高,越能接受新知识、新观念,也就越能接受并使用新技术、新产品、新服务,对应的接受能力也就越强。这有利于促进科技成果的转化。正因如此,一些企业、科技人员在实施科技成果转化的过程中,会选择先向受众普及科学新知识、技术新原理,受众接受了其中的科学新知识、技术新原理以后,就自然而然地乐于购买运用该科学新知识、技术新原理的产品或服务。由此可见,科普是科技成果转化的一部分,也是科技成果转化的一个重要环节。这就将科普融入了科技成果转化中。

另一方面,提高科学技术普及水平,需要运用新的技术手段、利用新的材料、采取新的方式方法、拓宽新的途径渠道等,而科技成果正好可以被转化为提高科学技术普及水平的新技术手段、新材料、新方式方法等。也就是说,科技成果转化可促进科学技术普及。

从这两个角度来看,科普与科技成果转化之间是相互促进的,目的与方向也完全一致。

2 二者可以相互转化

科普是一种特殊的科技成果转化活动,科技成果转化也是一种特殊的科普活动。

一方面,通过科普可以向公众或特定对象传授科学技术知识,公众(包括特定对象)在获得科学技术知识以后,其行为会发生潜移默化的变化,进而产生良好的效果。从这个角度看,科普直接表现为一种科技成果转移活动,是一种知识转移,或者可以说是特殊的技术转移活动,最终表现为一种特殊的科技成果转化活动。也就是说,科普是一种特殊的科技成果转化活动。

另一方面,从科技成果转化的定义看,科技成果转化活动就是对科技成果进行后续试验、开发、应用、推广,其中,科技成果的应用、推广也是一种科学技术普及活动。换而言之,科技成果转化是一种特殊的或基于特定条件的科普活动。

3 促进科普与科技成果转化紧密结合非常有必要

正是因为科普与科技成果转化之间存在相互促进关系,新修订的《中华人民共和国科学技术普及法》第二十二条规定，研发机构、高等学校要"促进科技研发、科技成果转化与科普紧密结合"；第二十三条规定"鼓励企业将自身科技资源转化为科普资源"。前者强调科技成果转化与科普具有很强的相关性，后者强调科技资源与科普资源可以相互转化。至于如何促进科普与科技成果转化紧密结合，2022年8月4日科技部 中央宣传部 中国科协印发的《"十四五"国家科学技术普及发展规划》提出"发挥科普对于科技成果转化促进作用"，具体包括以下四个方面：一是科技成果科普化，即围绕科技成果开发系列科普产品，运用科普引导社会正确认识和使用科技成果，通过科普加快科技成果转化；二是鼓励科技企业、众创空间、大学科技园等创新载体和专业化技术转移机构结合科技成果转化需求加强科普功能，即各类科技成果转化载体应具备科普功能，在推进科技成果转化的过程中做好科普工作，促进科技成果转化；三是依托科技成果转移转化示范区、高新技术产业开发区等，搭建科技成果科普宣介平台，即科技成果转化载体须具备科普的条件，可以使科技成果转化与科普同部署、同推进；四是鼓励在科普中率先应用新技术，打造应用场景，营造新技术应用的良好环境，即利用科普为科技成果转化创造良好的条件。

上述四个方面是国科发才〔2022〕212号文规定从科普的角度促进科技成果转化的主要举措。

综上所述，科普与科技成果转化都是国家创新体系的重要组成部分，同时也都是创新驱动发展战略的重要任务，二者之间具有很强的相关性，任何机关、高校、科研机构等事业组织，任何企业，广大科技人员，以及社会团体和其他组织，都可以将科普与科技成果转化紧密结合或者促进彼此相互转换，使科普事业与科技成果转化事业都得到较快较好的发展。而这与2022年中共中央办公厅 国务院办公厅印发的《关于新时代进一步加强科学技术普及工作的意见》中提出的"坚持统筹协同，树立大科普理念，推动科普工作融入经济社会发展各领域各环节，加强协同联动和资源共享，构建政府、社会、市场等协同推进的社会化科普发展格局"的努力方向是一致的。

让高质量研学成为科学教育变革的助推器[1]

◎ 宋 娴[2]

2025年1月14日，教育部印发新年一号文件《中小学科学教育工作指南》，围绕育人方式变革、师资队伍建设等关键环节对科学教育进一步精准发力，强调更加重视激发学生好奇心、想象力、探求欲，让每个学生都成为"科学小达人"。

当前，研学教育在全国各地蓬勃发展，已然要成为科学教育实践中的"新顶流"。

据报道，2024年国内研学游人数增长2倍，海外研学游人数增长120%。所谓"百闻不如一见"，凭借着生动的实践活动和真实的学习情境，研学兼容了体验式教育和研究性学习的优势，既极大地拓宽了孩子们的视野，给孩子们提供了与科研人员、研究机构深度接触的机会，也通过"游中学""做中学"的方式，让抽象的知识概念化成鲜活的实践记忆，在自由探究中最大程度激发每个孩子的创意和行动能力。

然而，在快速发展的背后，科技研学也暴露出许多新的问题，亟待深思和改进：一是研学尚属新兴产品，当前市场鱼龙混杂、准入门槛较低，许多研学机构往往由旅行社转型而来，重盈利而轻教育，一些天价研学产品实则以游代学，仅仅在各个博物馆、机构、景区打卡一游，弱化了研学真正的教育价值；二是科技研学相关的专业人才短缺，由此导致研学课程设计缺乏深度，甚至错误百出，遑论对学生的探究性学习作出专业指导。

一直以来，上海科技馆非常重视青少年创新人才培养，致力于探索科创教育的新模式、新边界。

2024年，上海科技馆与敦煌研究院联合推出"科学与文化融合拔尖创新

---

1 本文发表于《世界科学》杂志2025年第4期，有改动。
2 作者简介：宋娴，上海科技馆科学传播中心副主任，研究员，全国科普服务标准化技术委员会委员，中国博协青工委常务委员，入选上海东方英才上海市领军人才。

人才培养计划"敦煌实践行动，对科技研学进行了一次大胆创新。项目由科技和文化两个头部场馆联合策划推出，保障了研学的公益属性和教育品质。在学生选拔上，项目坚持秉承着多元化的评价体系，评委一不问成绩，二不问学校表现，而是侧重于考察学生们对科学探究的热情和多元的实践经历。

通过在上海百所学校中重重"海选"，40多名中学生脱颖而出，前往敦煌开展了为期5天的科学和文化融合之旅。其间，讲师团为研学质量提供了关键支撑：其中既有敦煌研究院的资深专家精心授课，也有资深天文学家全程跟团互动。孩子们不仅能在亲身实践中感受科学和文化的魅力，还通过与专家学者的深度互动，进一步激发了对研究学习的热情。

一路上，孩子们问题不断。有人注意到莫高窟、榆林窟都是依河而建，思考河水在造窟中的作用；有人计算如何开凿石窟最省力，有人好奇指星笔的设计原理……在这场研学中，科学学习不再是扁平的认知移植，而是一次次孩子们与世界、与生命的深度对话。

寒假来临，又一波研学热潮正在开启。孩子们对世界、对科学的好奇心和求知欲，需要更多优质的研学产品去承载，也需要社会各界共集资源、通力托举。

首先，需要文旅、教育等部门通力合作，加大对各地优质研学资源的挖掘和布局，同时制定科学合理的机构准入标准，加强对研学市场的规范和监管，推动研学产品的专业化与标准化。

其次，亟待加强科技研学的专业师资队伍建设，通过构建科技研学从业人员的准入、培训和评估体系，不断提高科技研学从业者的专业门槛，保障课程设计的科学性与深度。

此外，可由科学家、教育专家、博物馆专家、媒体等组成跨领域的研学智库团队，从指导课程开发，到提供实践支撑，再到打造场景赋能，探索构建多方协同的研学开发机制。同时，在产品设计中充分考虑调动家校网络，让研学效果持续延续到学校学习和家庭教育中，让研学真正成为科学教育生态的有机组成部分。

百年前，陶行知先生就在呼吁，"教育要通过生活才能发出力量……"。好的科技研学，不仅仅是一次简单的旅行，更是一次心灵的触动，一次科学梦想的扬帆试航。要让科技研学真正成为科学教育改革的助推器，最终离不开构建学校、家庭、社会协同育人的长效机制，让高质量研学蔚然成风，让更多"科学小达人"在创新之旅中持续成长，方能为科技强国建设注入源源不断的新生力量。

科学素养问题的探讨[1]

◎ 季晓烨[2]

人类社会进步和发展的驱动力是不断提高的生产力，特别是近几个世纪，由于人类逐渐认识了科学，学会运用科学去发明和创造，人类生产力实现了飞跃式发展，人类社会的发展速度和程度也达到前所未有的高度。人类认识科学的进程与人类提升科学素养的过程相辅相成。人类运用科学技术改造社会，本质上是科学素养发挥效能的过程。由此可见，科学素养在人类社会的进步与发展中扮演着重要角色，发挥着不可替代的作用。

当下，世界各国在激烈的竞争中谋求发展，科技创新已成为各国角逐的重要手段和关键影响因素。这样的竞争格局越发取决于公众的素养——发挥着基础保障和支撑作用。而科学素养作为人的综合素养的重要组成部分，如何认识、如何形成、如何提高以及如何发挥作用……不仅关系到国家竞争力的强弱，还深刻影响着人类科技进步走向、未来发展格局，乃至人类生产力的发展水平。为此，提升公众科学素养已越来越受到全世界的重视，各国学者纷纷开展相关研究。

来自世界各国的专家学者提出了诸多观点，虽然他们在认识层面存在一定程度的差异，但在总体方向和基本原则上趋同。比较典型的有：经济合作与发展组织（OECD）认为，科学素养是运用科学知识提出问题并得出基于证据的结论，从而加深人类对自然世界的认识，提升人类通过活动改变自然世界的决策能力，该机构在国际学生评价项目（PISA）中提出科学素养测试应该包含科学基本观念、科学实践过程和科学场景三个方面；中国的《义务教育科学课程标准（2022年版）》明确提出，科学课程的目标是培养学生的核心素养，主要包括科学观念、科学思维、探究实践和态度责任四个方面；

1　本文发表于《世界科学》杂志2025年第3期，有改动。
2　作者简介：季晓烨，上海市科学技术委员会原一级巡视员，曾分管上海市科普工作。

欧盟国家科学素养调查的领导人约翰·杜兰特（John Durant）则认为，科学素养涵盖理解基本科学观点、理解科学方法、理解科学研究机构的功能三个方面；美国学者乔恩·米勒（Jon D. Miller）则主张，公众科学素养涉及相互关联的三个维度，分别是科学知识、科学方法和科学对社会的作用，换而言之，个体具有足够的词汇量支撑阅读报刊上的各种不同科学观点，能够理解科学技术术语、认识科学探究过程以及了解科学技术对人类生活和工作的影响。以上多数观点都试图解释科学素养的内涵及构成，尽管具体描述存在差异，但具有共同点，即都把科学素养与人的特定能力相联系，认为科学素养的本质与人的能力有一定的关联。

能力是指个体能胜任某项工作或事务的主观条件，促使个体执行工作或完成事务还需要一些其他内在条件的支撑，这两种条件本质上就是人的素养。因此，可以将科学素养（含技术素养，下文同）理解为个体（行为者）能产生和实现具有所谓的"科学性特征"的行为应当具备的主观或内在条件。

在探讨科学素养时考察的行为主要包括人如何认识世界，如何对待事物，如何解决问题，如何揭示规律，如何处理事务，等等。所谓的具有科学性特征的行为就是指行为者会（或能）运用科学的观念应对或处理以上方面内容。

1 科学素养的内涵

如前所述，本文将科学素养理解为行为者产生科学性特征行为的必要条件，这一行为特征的形成与行为者持有的科学的观念、态度、知识以及掌握和运用科学知识的能力密切相关。

1.1 科学观念

科学观念常指基于实证主义，对自然现象的本质、因果关系和规律的系统化认识，以及在这一认识过程中形成的思想和其他规律性内容的总和，也可泛指社会意识中与科学相关的理论和见解。也有观点认为，科学观念是人们对科学一般规律以及科学的作用和意义的根本看法，包括科学问题的本源、本质、结构、规律、法则、作用和局限等，这些最能揭示客观事物的本质和规律。诸如极限、守恒、进化、系统、辩证、对称、生态等都是比较典型的科学观念。

科学观念的形成始于科学学习。在理解具有共识性的科学知识之后，行为者经过思维加工形成对科学的总体认识，这构成行为者产生和实现科学性特征行为的内在条件。理想状态是，在认识世界的过程中，行为者能够运用科学观念，基于社会已形成的科学共识，以及被认为最接近客观事实的科学观点、看法，去理解和认识世界。

1.2 科学态度

科学态度是指行为者在基于科学观念所形成的基本价值观和品格的基础上对世界万物和其变化所持有的基本立场和心理倾向。这种倾向通常呈现以下特征：充满好奇心、崇尚实证、批判思考、妥善对待不同见解、尊重客观规律等。也有观点认为，科学态度是在科学和科学活动中呈现的规律性思想的核心体现，"批判与怀疑，探索与实证，客观与理性，宽容和平权"等是科学活动中比较典型的精神内容。用科学的态度对待事物，是指行为者在面对自然界的事物、科学和科学活动，甚至自然与科学之外的事物时都能够秉持的态度。这种态度倾向坚守科学的价值观和品格，体现出符合科学特质的责任、伦理和道德。

1.3 科学知识

知识是人类在探索物质世界和精神世界的漫长过程中，经实践验证、被广泛认可且具有实用价值的正确认知的总和，它不仅涵盖了人类对自然界现象的认知、概念的形成、原理的总结、结论的推导以及相关观点看法，还包括获取新知的有效方法。

科学知识，特指科学领域的知识。按其特性，可分为概念性（陈述性）知识和方法性（程序性）知识；从知识的深度及应用范围考量，可分为基础知识和专业知识；从学科交叉的视角出发，则可分为分科知识、跨界知识和综合知识。我们常谈及的自然科学主要包括天文学、物理学、化学、地球科学和生物学等学科，而技术和工程的学科分类更为复杂。用科学知识解决问题，不仅需要行为者拥有并掌握科学知识，更需要行为者具有将科学知识灵活运用于实践的能力。所以，涉及行为者科学素养的科学知识其实是已经观念化了的"知识"。

1.4 科学方法

科学方法是指为认识客观事物的内在本质和发展规律所采取的手段和途

径，如观察、实验、概括、归纳、演绎、分析、综合、统计、辩证、抽象、模拟和假说等。科学方法既包含又运用了许多思维方法。

思维方法是指人脑借助于信息符号，对感性素材进行加工处理，逻辑方法是其重要组成部分。科学活动中，活动参与者的思维贯穿始终。因此，思维方法成为科学方法非常重要的一部分。用科学方法揭示规律可以理解为，行为者在科学探究及相关活动中能够且善于运用科学方法，当然，前提是行为者具有学习并掌握科学方法的能力。

1.5　科学方式

方式，从本质上来说，是由方法形成的具有特定样式的行为模式。科学方式是指那些符合科学一般原则，具有特定样式的方法体系。它是人们在一定世界观指导下观察、研究事物和现象以及处理事务所遵循的规则和程序，通常包含若干科学方法的组合运用。所以，在某些情况下，方法和方式概念存在重叠，然而，在更多的情形中，特定的方法往往只是方式的构成要素之一。人类在探索的过程中，产生了对待不同事物的多种方式，比较典型的有思维方式、探索方式、研究方式、传播方式、生产方式、生活方式、制造方式、管理方式甚至发展方式等。总之，凡是符合事物客观变化规律的方式均可统称为科学方式。所以，所谓用科学方式处理事务就是指行为者能够并善于用符合一般规律的方式去达成目标。

由前文可见，科学素养作为呈现科学性特征行为所必备的内在主观条件，主要由主观意识和潜在能力两部分构成。在本文语境中，科学的主观意识主要是指行为者对于科学所秉持的观念和态度，态度通常由观念决定（也受观念影响），而观念则基于知识，成型于个体的思想体系中。所谓与科学相关的潜在能力，是指促使相关科技活动目标实现或影响达成的因素，主要是学习能力和运用能力，知识、智力和技能是这些能力的主要构成部分。知识是人类对客观世界认识的成果总和，囊括了事实与信息、关系与原理、属性与符号等诸多方面，是能力的基础；智力包括感知力、记忆力、思维力和想象力等，是获取、理解、运用和创造知识的条件和工具，具有一定程度的天然禀赋的属性（常被理解为素质），是记忆、理解、分析、综合、想象、判断和创新等一系列与科学相关的能力的核心；技能主要反映行为者在学习、运用和管理科学知识方面所掌握的方法和方式。所以，许多学者在分析科学素养时，通常将知识、态度、观念和方法作为科学素养的关键和基本要素。在人的素养中，（部分）智力及其他要素大多是通过后天的积累和训练逐步养成的，笔者认为，我们提及的素养一般是先天素质与后天养成的总和。

2 科学素养的特点

2.1 科学素养的形成及其不稳定性

科学素养的形成，除了一些先天的禀赋之外，其余大部分都需要依靠学习、训练和实践。这是一个渐进的过程，始于对科学的了解和学习。学习科学的途径和方式多种多样，既可以在学校，也可以在社会；既可以在工作场景中，也可以在日常生活里；既可以是正规的，也可以是非正规的；既可以在他人教授下完成，也可以自学研读实现；既可以源自理论学习，也可以从实践中获得；既可以系统全面地学习，也能通过零散的知识积累实现。不过，无论哪种学习方式或途径都可能对科学素养的形成产生一定的影响，只是不同的途径和方式产生的作用和效果可能不一样。而且，因目标和要求不尽相同，每一种学习方式或途径都有其特定的意义和作用。

科学素养中，科学知识占据较大比重，而科学知识要转变为科学素养，需要经历一个由知道、了解和记住科学知识到能够自如掌握与运用的过程，这涉及转化可用、有用的科学知识的能力——会用。这是一个知识积累与主体意识转化相结合的过程。记住科学知识对科学素养的形成有一定作用，但是较有限。只有通过不断运用科学知识，在实践中反复深化理解，直至内化成观念，成为行为者解决问题的主观条件，这时，科学素养中的知识才有意义。

科学素养中的科学意识部分，是一种对待社会的普遍观念和态度，一旦形成往往相对稳固。例如，行为者的科学观念比较固定，科学态度也较为确定。基于科学观念和科学态度的特点，科学意识一旦形成之后通常不太容易变化。与之不同的是，科学素养中的能力部分则表现出不稳定性。知识随科学发展而动态变化，行为者技能也是变化的，智力亦如此。因此，科学素养对于行为者而言处在变化之中就不足为奇了。

2.2 科学素养的差异及其复杂性

科学素养由观念、态度、知识和技能等诸多要素构成，其形成是一个逐渐积累的过程。这意味着，很难使行为者做到完全一致，那么，行为者的科学素养存在一定差异是一种必然，也是常态。造成这种差异的原因是复杂多样且多变的，包括行为者先天禀赋的不同，后天积累和训练养成的差别，所受教育内容和程度的差异，所处社会（包括教育、工作和生活）环境的不同以及素养构成成分的变化，等等。这种差异不仅存在于个体之间，在群体层面同样有所显现。因此，在促进行为者素养养成和提升的活动中需要充分理解、正视并有意识地区分对待这种差异。

虽然区分行为者的科学素养存在的差异是一件困难的事，但是，这种区分仍然是必要的，尤其是在分析科学素养形成的有效性以及影响因素的过程中。最粗略的区分可以是专业群体和非专业群体应具备的科学素养。专业群体主要是指从事与科学技术研究、教学和设计等紧密关联的工作的人，即所谓"科学家"群体，也可称为（科技）专业人士，他们与非专业人士相比，须具备不一样的科学素养。对这一群体而言，科学素养往往只是其专业素养的一部分。对于非专业人群，科学素养虽是其综合素养的组成部分，但可能并不是其专业素养的必备部分。当然，他们中的大多数通常也应当具有一定的科学素养。科学素养的区分没有绝对标准，也没有明确的程度界限，其意义主要在于为相关研究提供助力，同时提高那些促进科学素养形成和提升的相关行为和活动的针对性和有效性。

2.3 科学素养的作用及其局限性

行为者若能表现出具有科学性特征的行为，必然需要科学素养作为主观条件来支撑，但是，个体具有科学素养这一主观条件并不一定能表征出科学性特征的行为。也就是说，科学素养是个体表征科学性特征行为的必要条件，而非充分条件。这是因为影响行为的因素是多方面的，如文化，甚至文化成分之间的矛盾还会导致个体表现出冲突行为。这意味着，有一定科学素养的行为者也未必能表征出科学性特征的外在行为，更何况还有其他因素的干预。因此，可以认为科学素养的作用是有局限的，往往还受制于行为者的主观和外在等诸多因素。

一般情况下，即使个体主观上试图在行为中表现出科学性特征，其行为的实际效果也未必能够充分体现出来，或者科学性特征的体现程度不一定能达到预期。这是因为行为的科学性特征的呈现，通常会受到行为者科学素养水平的影响或限制。

所谓科学素养水平，是科学素养各要素所达到程度的综合体现，这种水平并没有统一的标准。实际上，鉴别科学素养水平并非易事。其中，可以肯定的是，具有高水平科学素养的行为者，未必会产生充分体现科学性特征的行为，但不具备高水平科学素养的行为者，肯定无法产生具有充分科学性特征的行为。

2.4 科学素养的评估及其有效性

了解或确定个体或群体之间的科学素养的差异也不是一件容易的事，科学素养的精确衡量几乎难以实现，借助观察行为特征的不同这一方式来确定科学素养的差异既不现实，也未必准确，因为存在诸多不确定性和干扰因素。现实中，比较常见的做法是，采用统计方法对科学素养所涉及的要素进行测试。当然，这种方法需要测试统计的样本，这意味着，测试对象应当具备理想的一致性、同质性或可比性；另外，测试的题目对所需要了解的科学素养内容的表征度要足够高，才能避免判断风险的发生。即使这样，其产生的统计结果可能仅能应用于研究问题层面，对其他用途而言，其价值则非常有限。

科学素养的测试有多种方法，比较实用的是试题测试，即由受试者答题。比较典型的有前文所提到的米勒测试和 PISA 测试，其中 PISA 测试更有针对性，主要面向一定年龄段的学生。其统计样本（受试对象）的一致性和同质性比较好，题目数量较多，涵盖科学素养的要素较为全面，并且题型注重场景结合。场景测试题通常更有助于反映科学素养的本质，体现其内涵，结果的失真度也能得到比较好的控制。这种结果在研究受试者接受的旨在帮助其形成或提高科学素养的活动，以及与科学相关的教育时比较有意义。但是，无论哪种测试方法，都可能存在失真的风险，其反映行为者的科学素养的有效性会受到一些因素的制约。所以，对于这类测试的结果应当合理使用，切不可乱用。

3 结语

科学素养作为人综合素养的组成部分，是支撑个体产生理性行为的基本条件。在人的发展过程中，科学素养与能够影响感性行为（如艺术）的素养等其他主观条件共同发挥作用。这些不同类型的素养，彼此之间也会相互作用和影响。因此，科学素养不仅直接影响行为，同时也会影响人的主观世界。更具体来说，科学素养可以帮助个体构建理性思维、增强自信。

尽管提升科学素养有多方面的益处，但这并不是本文的出发点和主要关注点。本文试图为科学素养的研究提供一种特定的视角，即推动研究人员建立科学素养与可观察、可感受的人的外在行为之间的联系，也希望能启发同行及相关研究者，在了解科学素养的同时，更加重视其现实意义，避免陷入就概念论概念的误区。

从艾伦·欧文视角看公众科学国际发展历程[1]

◎ 游文娟[2]

　　1995年,英国社会学家艾伦·欧文(Alan Irwin)在《公众科学》(*Citizen Science*)一书中率先提出"公众科学"这个概念。2024年5月30日至31日,现在哥本哈根商学院担任教授的艾伦·欧文参加了第9届浦江创新论坛之"科技创新智库国际研讨会"。当下,"公众科学"已经在国际掀起了一股新浪潮。为此,《世界科学》编辑部策划采访了艾伦·欧文。自首次提出"公民科学"的理念已近30年,本文通过艾伦·欧文来观察这个领域的发展情况,以期为我国研究和推动公众科学发展提供借鉴。

哥本哈根商学院艾伦·欧文教授,也是《公众科学》一书的作者

1　本文发表于《世界科学》杂志2024年第6期,有改动。
2　作者简介:游文娟,《世界科学》编辑部主任,上海市科技期刊学会科普期刊专业委员会副主任委员。

作为公众科学概念的提出者,您是怎么理解公众科学的?公众科学是怎么发展起来的?

回溯历史,你会发现科学家常以一种面向公众的方式推进研究。谈到19世纪,我们会想到查尔斯·达尔文这位演化生物学家,你会下意识地认为,他那时已经是一位面向公众的科学家。

此时,你再回看科学的起源,当然这时我们的视角是在西方,你会发现一种现象,即好多公众他不是专业的科学家,甚至他本人还在政府部门拥有一份工作。那时,科学研究常常只是一种个人爱好,但产生了许多重要的思想。事实上,在19世纪,你甚至可以认为那时的科学家都是公众科学家(citizen scientists),也谈不上是否专业。我想中国的情况也应该类似。那时,这些人往往对科学研究很有想法,但他们都不是专业人士,只是因为喜欢而去钻研科学,然后科学发现又促使他们持久投入热情。比如,观鸟,西方很多人会对这件事着迷,包括我自己。

观察、研究自然是公众科学里一个比较典型的类型。昆虫、地质观察等也是其中较有代表性的案例,很多参与研究的人并不是来自大学等专业机构,他们常利用周末或晚上进行科学研究。

我认为现在的公众科学的理念从早期阶段汲取了很多东西。参与这项工作,无关乎你是否拥有一张博士学位证书,更重要的是,你是否能在其中作出重要贡献。随着社会发展,大学在其中扮演着越来越重要的角色,但我总觉得,公众科学正追随古老的传统。

事实是,不管我是否提出这样的概念,这件事情一直在进行——有很多人在以业余的身份对大自然保持着好奇,只是那时还没有一个确切的标签或名字而已。人们对于自己周遭的自然世界的探究乐此不疲。当下,这已经成为一种趋势、一股浪潮。不过,我认为公众科学还有很长的路要走。

以前,公众科学侧重天文、地质调查,现在越来越多的人对环境感兴趣。

世界上有很多人对自己生活的世界有各种各样的疑问且想寻求答案,而持续观察往往能获得答案。你可以观鸟,我可以看树(这两件事也是我常常做的事),即使坐在那大半天,一只鸟都没有,你仍然可以在观察中学到专业知识,因为实际上很多科学知识的获取就是通过观察来实现的。当然,"健康"这事另当别论,健康科学只靠观察是不够的。不过,我想强调的是,那些没有专门从事科学研究的公众,实际上他们正在探究世界。现在,我们通过"公众科学"与20世纪发生交互,我认为,这很有意思。

你会发现这种交互在专业人士那儿也在发生。当然,我认为专业人士和非专业人士的交互才是公众科学里的主要部分。当下与环境相关的研究主题,正在通过"非专业人士的参与和观察",把公众有效地关联到对科学的认识中。这就是我认为"交互"很有意思的地方。我相信中国的传统中也有类似的情况。

公众科学是科学传播界关注的一个方面,它在科学传播发展中发挥怎样的作用?

概括来说,科学传播(Science Communication)的发展经历了几个阶段。第一个阶段被称为"缺失模型"阶段。这个模型旨在揭示这种科学传播的实质,即"专家告诉'无知'的公众"。我这样描述听着是不是很不舒服?我认为这样的想法背后,是基于专家认为"人们之所以批评科学,是因为他们不懂科学"的认识,所以很需要权威专家来给公众传授知识,然后公众接受他的信息或观点。这个模型背后所强调的是专家的权威,它显然过于简单了。第二阶段被称为"对话模型"阶段。相比第一个模型,它的进步体现在:专家保持着权威,公众扮演参与者的角色。这种模型提供了一种公众与科学家对话的方式。在这个过程中,公众的角色从"缺失"发展到"参与"。第三个阶段,我认为,应该是"科学学"(science of science)阶段。我们要思考如何发展科学,这不仅是科学家的问题,而且是所有人的事。科学家要进一步思考,如果公众向他们提出非常合理的问题,他们应该如何回应这种信任,比如是否可以信任人工智能开发者?所以,第三个阶段提及的模型,非常强调"反馈性"(reflexive),这也是"科学学"发展起来的原因。它向我们提出了更基础性的问题,即科学学需要回答科学社会发展的优先事项是什么。我认为公民科学能帮助寻找问题的答案。

当时是什么契机促使您开始创作这本书?

1995年,我出版过一本叫作《公众科学》的书,这也是为什么你们认为我可能是提出这个概念"第一人"。随着科技发展,那时开始建设核电站或机场,这会引起争议甚至引发抗议。我觉察到,年轻人在这方面的认识比较淡薄,那时又没有任何的搜索引擎,于是我提出这个概念,试图揭示科学与公众之间的关系,并探寻促进这种关系更积极发展的可能性。

我认为"公众科学"是一条促进双方理解和认识的有效途径。关于这本书，我现在还记得两件事。当时出版商认为我这个想法非常糟糕，因为当时人们对这方面毫无认知，更别说用一个完全没被提及过的概念了。那么，什么是"公众科学"？人们应该如何阅读一本叫作《公众科学》的书呢？这件事令我印象深刻。另外还有一件事，有人会问我："这个概念是不是完全是你创造的？"我会如实回答"是"。实际上，我没有意识到自己已经发挥了引领作用。与此同时，美国某些领域的公众科学正在向前发展，并且有很好的洞察，在我出书不久后，也提出类似公众科学的概念。由此可见，"公众科学"在现实世界运行过程中得到了印证。我们用"公众科学"概括我们对"科学、公众参与和社会交流"的思考，就非常有说服力了。

但话说回来，仍然有人批评我的书。他们认为，这个想法非常好，但没有案例支撑。不过，放到现在，人们会说"有非常多的案例"。如果当时我发现有案例，我会把这些内容写进书里。实际上，我当时十分想知道案例在哪里。

如今距离您提出这个概念快 30 年了，公众科学的内涵发生变化了吗？

实际上，我非常清晰地意识到，不同发展阶段，历史需要不同的内容。那时，我还积极尝试去畅想未来，但确实没有非常丰富的真实案例。直到 21 世纪，也就是 2007 年和 2008 年前后，我开始发现人们在谈论"公众科学"。实际上，从我出书到公众科学的概念形成共识，时间间隔 10～12 年。直到这个阶段，"公众科学"才真正兴起。不过，我并不认为人们读过我的书且能从中获得什么，我这本书的价值更多在于促成了一般性层面的讨论，因为此时社会交流的媒介和技术已经发生了巨大变化，这个变化在我写书时是难以想象的。现在很多领域都设置了观察鸟类的公众科学项目，甚至开发了应用程序，以便人们输入数据或获取数据。20 世纪末，我很难想象这样的场景。现在的技术发展已经从根本上改变了公众与科学互动的方式。

基于这个变化，有人可能会说，我当初提及的"公众科学"已经转变成另外一个概念了。我想我提出这个概念的根本作用在于推动了整个领域的发展。

AI 在公众科学发展过程中发挥了什么作用？

对于 AI 在这方面的作用我还没有很深入的思考。其中有一点，我觉得很有意思。例如，在丹麦，公众获得的数据是他们自己输入的。如果有人输入的数据表明"看到一只特别的鸟",我此时就会疑惑:"他是否真的看到了这只鸟?他会不会看错了?"我们自然要对此进行甄别。当发现他已经鉴别了 100 多种鸟类,我们大体推测出,他知道他在做什么,且有能力判断那只鸟是否少见。但如果,他从来没做过类似的事情,你就会对输入数据的有效性保留看法。

如果这件事放在人工智能体系中,方法会非常不一样。所以我认为公众科学与 AI 如何相互作用是非常有意思的问题。我担心在 AI 作用下,公众科学会失去"一手资料"。公众科学开始之初,就是通过人们亲自取样和观察来实现的。但是,随着社会和技术的发展,公众科学聚焦讨论的一个议题便是:公众科学实现的形式可以是多样的。其中存在一种大规模的形式,比如在细胞生物学或天文学领域,公众参与科学的方式主要是通过观察并进行投票来实现的。

比如,你所利用的事实往往是通过成千上万人确认同一张图片后得到的结果。你不难觉察到,这里面的数据规模之大。"人们正在输入数据吗?"这就是我在观察那棵树时所思考的问题:公众科学的知识获取已经从简单的观察发展成为大规模数据的收集。这真的很有趣,但这是否合理?公众科学的各种活动正在讨论这个问题。比如,有人认为,依赖如此大规模数据的公众科学并不是真正的公众科学,因为参与者非常被动。那么参与者在公众科学中怎样才算是积极的、不被动的?我想,如果参与者不仅参加研究还作出贡献,公众科学就会非常有力量了。

数据收集是当下公众科学的一个重要内容,如何保障数据的有效性?

科学家之间也经常谈论数据的有效性。我认为,数据的有效性问题不只是公众科学所面临的问题。但回到公众科学的数据有效性问题上,我了解到的一个塑料海盗项目为例来说明。在项目实施过程中,有些孩子提供的数据没达到标准化要求,不过你的数据不是来自一所学校,你会从百来所学校获取样本数据,所以后者对前者实现了有效的平衡。再以观鸟为例。很多国家都设置了观鸟日。为了保证数据的有效性,可以要求参与人在同一天观鸟,即使有人犯了错误,因为数据足够大,可实现纠错。这就是公众科学的优势,因为你往往拥有足够多的数据,而这个数据规模靠科学家在实验室采集是难以企及的。你想象一下,如果中国有 10% 的人参与鸟类调查,那将是怎样的规模?所以,保证数据来源的多样性是解决问题的办法。

同时，你也必须考虑公众科学本身的适用性。比如，你正负责一项健康研究，并不知道污染是否对儿童健康产生影响。此时，父母愿意配合报告他们孩子的健康状况，特别是孩子本身存在健康问题时。父母的汇报的确给你提供了很好的线索，但这并不能证明这件事与污染有关。此时，依据这一线索，你若发起一项公众科学项目，让更多的人提供信息，就能实现更全面的调查，比如帮助你进一步调查污染材料是什么。这更需要研究人员思考，公众科学能给你带来什么，从而决定是否发起项目。

公众科学对科学家而言有什么吸引力？

我认为，公众科学的有趣之处还在于它能让你看到没有看到的事情，启发你看到新的视角。实际上，的确有科学家跟我反馈，公众科学真的能启发他们对研究产生新的思考，是一种非常有用的集体智慧。

此外，我前面列举的例子表明，公众科学产生了一个直接结果就是：为科学家构建了一个非常好的数据库。

再比如，研究人员带着自己的研究进入学校，与孩子积极互动，并给孩子展示他们的数据和分析情况。这时，孩子有可能会质疑：你收集的样本和他们本地小溪流的情况不一样。这相当于指出，你所分析的情况在这里不适用。这使你不得不考虑进行的研究和当下实际情况的匹配度。事实上，这两件事之间往往存在距离。要实现这个目标，你需要组建一个庞大的数据网络，比如让10万人提供数据。结果是可想而知的，返回的数据会非常有限，人们很难有动力支持你做这件事，毕竟这不是一种直接的互动方式。而很多公众科学项目能帮你突破这样的局限。当人们较好地参与研究甚至通过研究挑战了科学家从实验室获得的研究结果，他们将会非常兴奋，自然也会觉得自己参与的工作非常有意义了。

从全球来看，政府在促进公众科学中发挥怎样的作用？

我认为是赋能并提供支持。我们应该把公众看作一种有价值的资源，而不是把大多数普通人看作"无知的"对象。从获取信息的角度来看，我们非常需要普通人贡献想象和智慧。中国人群的1%参与进来，也是相当大的规模了。你更要思考的是，如何发挥出其中的积极作用。

政府在其中的角色，我认为是提供支撑、推动倡议、促进分享、鼓励参与等。

欧洲正在实践，并寻找回答问题的答案。我们考察了11个欧洲国家和行业，甚至包括欧洲委员会，发现欧洲现在已经非常重视公众科学，其中的数据规模化也是政策制定者开始关注的内容。

公众科学是自下而上建立的，我认为这是它的典型特征，这里面最根本的力量来自"兴趣"。而我认为政府面临的挑战就在于如何激发公众这样的兴趣。

这方面我们也在研究。比如，政府可以提供小笔资金（不用大手笔投入），响应当地的相关倡议，帮助构建数据库之类，支持志愿者及其活动。我强调"小"额资助，是因为这种小额投入可以避免这件事情失去"自下而上"的特征。

政府还可以促进知识共享。欧洲有一些非常有趣的公众科学案例。他们推出一个面向学生的"塑料海盗"项目，这个项目由学校的科学老师牵头，带领学生一起做。调研塑料小部件其实是非常容易的事。比如，到当地的溪流去调查分析塑料部件散落的数量。孩子们上网也非常便捷，可从网上搜集相关数据进行分析，再将相关数据导入数据中心，这就形成对当地水源污染情况的研究。孩子在这个过程中，学习基本的测试技能，包括如何精准计时、如何对材料分类等。老师在过程中传授一些科学知识，包括环境相关的内容。这就是一个生动的案例。

你可能好奇：为什么这个项目叫"塑料海盗"？听起来似乎有点奇怪。实际上，因为这是面向孩子的项目，得让这件事听起来很吸引人、很有趣。此外，参与这个项目所做的事情就有点类似海盗——他们在水里不断收集。

德国也有一些实践。当然，很多国家也在推进，因为这件事可以融入教育。比如前面的"塑料海盗"项目，有助于孩子们深入地了解自己所生活的环境。德国政府在推进的过程中，就选择了小额投入的方式来支持公众科学实施，因为推进项目的确需要遴选一批人，并推动他们去做同一件事。有了支持，他们可以构建网络、汇聚信息，比如指引参与者垃圾往哪里投之类。这不是什么大工程，本质是一种信息分享，如果有一些经费投入，事情进展会更顺利。

公众科学多集中于环境、天文和地质学领域，您觉得还有什么样的内容更容易吸引公众参与？还有哪些国际案例可以借鉴来开拓公众科学项目？

一些发展比较前沿的领域结合公众科学可能是比较困难的，比如核物理。人们更关心炸弹，但并不关心实验中对原子的观察。所以，公众科学项目的主题或内容也存在一些倾向性，比如食品科学，因为人们关心食物的营养、食物的生长以及食物如何变化等。

公众科学经常涉及是否要参与人动手操作，甚至要让参与人有机会把手弄得脏兮兮的。显然，数学相关领域很难推出公众科学项目。也就是要让参与人有直接的接触机会。比如面向在森林里工作的人群，推出钓鱼相关的公众科学项目就很容易，而抽象领域设置公众科学项目就很难。人工智能领域的项目，我也正在思考，毕竟很难让参与者以可感受的方式参与进来。

此外，欧洲有很多公众科学项目主题设置也值得参考，其中还有不少是关于历史的。虽然历史并不算自然科学，但是公众科学的方法我觉得是可以延伸的。比如，上海可以做一件非常有意思的事，就是采集老人关于上海的记忆，随着时代变迁，上海发生了哪些变化，还可结合开发一些小工具来展示上海的建筑。而这些年长的人通常非常乐意与你分享有关城市的信息和发生的变化，以及这些变化对他们个人的意义。说到底，这反映的是一种推进公众科学的方式，即促进分享。而推进这种事项，投入非常低，但对研究而言却非常有意思也非常有价值。

据我所知，欧洲的斯洛文尼亚共和国正在推进类似的事。通过人们口述语言使用情况，以及单词发生的变化等，一些有远见的人就此编撰词典。事情起因是这样的：人们谈论小时候他们曾经使用的语言，发现现在已经不再使用了；于是人们开始上网询问，"有没有人知道这个词语"，便有人来进一步分享。你看，推动人们分享实际上非常简单，但你也可以从中发现很多。